Bibliografische Information der Deutschen Nationalbibliothek:

Die Deutsche Bibliothek verzeichnet diese Publikation in der Deutschen Nationalbibliografie; detaillierte bibliografische Daten sind im Internet über http://dnb.d-nb.de/ abrufbar.

Impressum:

Druck und Bindung: Books on Demand GmbH, Norderstedt Germany
ISBN: 9783668261259

Dieses Buch bei GRIN:

http://www.grin.com/de/e-book/336387/soziale-arbeit-im-kontext-gesellschaftlicher-diskriminierung-von-sinti

Nadin Linz

Soziale Arbeit im Kontext gesellschaftlicher Diskriminierung von Sinti und Roma in Deutschland

GRIN Verlag

GRIN - Your knowledge has value

Fachhochschule Münster
Fachbereich Sozialwesen
Sommersemester 2016
Bachelorthesis

Soziale Arbeit im Kontext gesellschaftlicher Diskriminierung von Sinti und Roma in Deutschland

Nadin Linz

6. Fachsemester Soziale Arbeit, Matrikelnummer: 785383

02.05.2016

Inhaltsverzeichnis

1 Einleitung

Sie klauen, haben kein Verständnis von adäquater Müllentsorgung, sind laut, werden in ihren Herkunftsländern geächtet und betreiben Sozialtourismus. Dies könnten mögliche Aussagen sein, wenn es um Assoziationen zum Thema *Sinti und Roma* geht. Jeder Bürger verspürt erste Impulse beim Gedanken an diese Minderheitengruppe, ungeachtet dessen ob diese Assoziationen aus persönlichen Kontakten, wissenschaftlichen Beiträgen, populär-medialen Beiträgen oder aus ungefilterten allgemeinen Haltungen der Mehrheitsbevölkerung stammen. Oft sind diese Assoziationen geprägt von Unwissen, Klischees oder unreflektierten Begegnungen im Alltag.

In der vorliegenden Arbeit soll auf Grundlage einer theoretischen Annäherung herausgearbeitet werden, welche Ausgrenzungs- und Abwertungsmechanismen sich gegenüber Sinti und Roma in der deutschen Gesellschaft ablesen lassen, in welcher Form diese in der Mehrheitsgesellschaft verankert sind und inwiefern Soziale Arbeit in diesem Kontext intervenieren kann und muss. In diesem Zusammenhang wird die Hypothese aufgestellt, dass Antiziganismus[1] einen Auftrag Sozialer Arbeit darstellt.

Um sukzessive einen Zugang zu diesem komplexen Thema zu ermöglichen, werden in Kapitel 2 zunächst wichtige Vorbemerkungen hinsichtlich der sprachlichen Mittel und der Einordung in den aktuellen gesellschaftlichen Kontext angeführt. In diesem Zusammenhang werden die Ethnien der Sinti und Roma kurz charakterisiert und die historische Entwicklung zum gesellschaftlichen Status Quo nachskizziert.

Im Rahmen von Kapitel 3 wird dargestellt, inwiefern sich Diskriminierungen von Sinti und Roma in Deutschland belegen lassen. Als theoretische Grundlage aus der Diskriminierungsforschung dienen hierzu die drei Ebenen der Diskriminierung – die individuelle, die institutionelle und die strukturelle Ebene (vgl. *Degener et al.* 2008, S. 66).

Daran anknüpfend wird in Kapitel 4 ein mehrdimensionaler Erklärungsversuch für das gesellschaftliche Phänomen der Diskriminierung von Sinti und Roma anhand von Vorurteilsmechanismen unternommen. Zunächst wird aufgezeigt unter welchen

[1] Antiziganismus beschreibt die vorurteilsbehaftete und stereotype, abwertende und xenophobe Haltung gegenüber als „Zigeunern“ wahrgenommenen Einzelpersonen oder Gruppen (vgl. IntQ 18: *bpb: Benz* 2014).

Voraussetzungen und mit welcher Intention Vorurteile entstehen, um diese dann in das gesellschaftliche Phänomen des Antiziganismus einzuordnen und anhand dieser Ausführungen etwaige Funktionen des Antiziganismus herauszustellen. Hierdurch wird das Ziel verfolgt, Sozialarbeiter in der Arbeit mit Sinti und Roma für eine reflexive Handlungsbasis anzuregen, indem die Mechanismen antiziganistischer Diskriminierung transparent gemacht werden.

In Kapitel 5 wird die Relevanz antiziganistischer Diskriminierung für die Soziale Arbeit herausgestellt.

Im Fokus von Kapitel 6, welches den Schwerpunkt dieser Arbeit markiert, steht die Herausstellung des Auftrags für Soziale Arbeit im Kontext des Antiziganismus. Auf Grundlage einer Gegenstandsbestimmung wird aufgezeigt, auf welchen Ebenen Sozialer Arbeit konkrete Handlungsmöglichkeiten und Thematisierungsschnittstellen existieren.

Kapitel 7 fasst die wichtigsten Erkenntnisse dieser Arbeit zusammen und stellt eine abschließende Schlussfolgerung dar.

Als methodische Vorgehensweise wurde zur Abhandlung des Themas eine deduktive Gliederung gewählt, um die Komplexität der Thematik durch eine fundierte, deskriptive Basis transparenter zu gestalten. Ziel der vorliegenden Arbeit ist es zum einen für Erscheinungsformen von Diskriminierung zu sensibilisieren und eine Reflexion der Vorurteile über Sinti und Roma anzuregen. Hierdurch soll insbesondere für Sozialarbeiter, die in der Praxis mit betroffenen Klienten arbeiten, eine Basis für Selbstreflexion im Beruf geschaffen werden. Zum anderen soll ein fundierter Handlungsauftrag für Soziale Arbeit im Hinblick auf die soziale Stellung der Sinti und Roma formuliert werden.

Diese Arbeit unter dem Titel „Soziale Arbeit im Kontext gesellschaftlicher Diskriminierung von Sinti und Roma in Deutschland“ versteht sich nicht als Versuch Erkenntnis über die Lebensweise der Sinti und Roma zu gewinnen, sondern vielmehr als ein Verweis auf die Notwendigkeit, sich den vorherrschenden Vorurteilsstrukturen gegenüber dieser Minderheit zu widmen.

Der inhaltliche Schwerpunkt dieser Arbeit umfasst Sinti und Roma ungeachtet ihrer Nationalität, denn durch eben diese Betrachtungsweise wird deutlich, dass Ethnizität und nicht Nationalität im Hinblick auf die Diskriminierung der Romgruppen ein wichtiger Indikator zur Stigmatisierung ist.

2 Deskriptive Einführung

Im Folgenden werden zunächst im Rahmen der Vorbemerkung Hinweise hinsichtlich der sprachlichen Mittel und der Einordung in den aktuellen gesellschaftlichen Kontext angeführt. Daran anknüpfend werden grundlegende Informationen zur Ethnie der Sinti und Roma und deren intraethnischen Unterschied aufgezeigt, um einen näheren Zugang zu ihrer Herkunft, dem historischen Verlauf ihrer gesellschaftlichen Verortung sowie zu ihrem Selbstverständnis und ihren Werten zu schaffen. Aufbauend auf diesen Ausführungen wird die Situation der Sinti und Roma schemenhaft im historischen Verlauf von ihrer ersten urkundlichen Erwähnung bis hin zur Gegenwart in Deutschland beschrieben.

2.1 Vorbemerkungen

Als wissenschaftliche Grundlage dieser Arbeit soll folgende soziologische Diskriminierungsdefinition dienen:

„Diskriminierung [liegt] dann vor [...], wenn Menschen, die einer Minderheit angehören, im Vergleich zu Mitgliedern der Mehrheit weniger Lebenschancen, das heißt weniger Zugang zu Ressourcen und weniger Chancen zur Teilhabe an der Gesellschaft haben" (*Degener et al.* 2008, S. 67).

Im konkreten Bezug zu den Ausführungen, die sich mit den diskriminierenden Handlungen und Haltungen beschäftigen, sollen ebendiese jedoch im Rahmen der Verhaltenskomponente, welche Vorurteile zum Ausdruck bringt, also „das Ausmaß, in dem Menschen negative Verhaltensweisen gegen eine soziale Gruppe oder deren Mitglieder richten" (*Turner/Hewstone* 2012, S. 318), betrachtet werden.

Obgleich das Wortpaar *Sinti und Roma* durch die Bemühungen der jeweiligen Akteure im deutschen Sprachgebrauch Einzug gehalten hat, werden für eine vereinfachte Lesbarkeit im Folgenden auch die Bezeichnungen Romgruppen respektive Romvölker oder Rombevölkerung verwendet, solange eine Differenzierung von *Sinti und Roma* an der jeweiligen Stelle nicht von Nöten ist. Diese undifferenzierten Bezeichnungen beinhalten international betrachtet alle Minderheitengruppen, die dem Überbegriff der Roma zugeordnet werden, so auch die Sinti. Das Wort *„Zigeuner"* wird im Folgenden lediglich verwendet, um historische Bezeichnungen zu zitieren und/oder um den Schweregrad der gesellschaftlich verankerten Abwertung aufzuzeigen. Aus Gründen der komplexen Semantik innerhalb der vorliegenden Arbeit wird fortlaufend auf die genderspezifische Schreibweise verzichtet, ohne die Wichtigkeit ebendieser zu bestreiten. Definitionen von Begriffen, welche nicht vorausgesetzt werden sowie weitere Anmerkungen, werden in Form von Fußnoten erwähnt.

Der gesellschaftlichen Lage der Sinti und Roma in Deutschland kommt bezüglich seiner Einbettung in die Gesellschaft ein Alleinstellungsmerkmal zu, da das Phänomen Antiziganismus ein unbestritten nahezu salonfähiges Ressentiment (vgl. *Benz* 2014b, S. 49) darstellt, welches jedoch hinsichtlich seines Forschungsstandes noch am Anfang steht (vgl. IntQ 9: *Forschungsprojekt HSH: Stender* 2016). Auch wenn der öffentliche Diskurs laut der jüngsten und ersten umfangreichen, repräsentativen „Studie zur Bevölkerungseinstellung gegenüber Sinti und Roma" (vgl. IntQ 11: *Anti-diskriminierungsstelle des Bundes* 2014) durch Ablehnung und Gleichgültigkeit bestimmt ist, lässt sich dennoch klar bestimmen, dass sowohl breites Unwissen, fehlendes Differenzieren als auch Zurückgreifen auf irrationale Stereotype im Vordergrund stehen. Es wird nicht bestritten, dass Romgruppen besonders in den ost- und südosteuropäischen Staaten besonders prekären Verhältnissen von Verfolgung und Diskriminierung ausgesetzt sind. Doch auch in Deutschland – mitten unter uns – wirken antiziganistische Mechanismen und Handlungsstrukturen, die viele Angehörige dieser Minderheit in Exklusionsprozesse drängen, denen sie nicht mehr entfliehen können. Nicht nur die prekäre Bildungssituation der Sinti und Roma (vgl. *Strauß* 2011) und somit auch die allgemeine Chance auf Teilhabe, geben Aufschluss über die gegenwärtige Situation. Rassistisch motivierte, pogromartige Übergriffe und Anschläge auf Sinti und Roma sind gegenwärtig keine Seltenheit (vgl. IntQ 27: *Hamburger Abendblatt* und IntQ 28: *Zeit Online*). Besonders vor dem Hintergrund der derzeitigen politischen Debatte, deren zentraler Punkt die Flüchtlingspolitik und damit die Migration und das interkulturelle Leben bilden, ist die Profession Soziale Arbeit im Hinblick auf gesellschaftspolitische Entwicklungen geforderter denn je.

Der gewählte Titel verweist mit dem sprachlichen Gebrauch der *gesellschaftlichen Diskriminierung* darauf, dass die antiziganistischen Haltungen und Praktiken sich durch alle Lebensbereiche, gesellschaftliche Strukturen, Milieus und Schichten ziehen. Die antiziganistisch motivierte Diskriminierung der Sinti und Roma ist somit als gesamtgesellschaftliches Problem zu betrachten, was angesichts ebendieser Tatsache zu einem Menschenrechtsproblem eines Ausmaßes wird, welches es aufgrund seiner gesellschaftlichen Akzeptanz zuerst transparent zu machen gilt, bevor an Lösungsansätzen gearbeitet werden kann.

2.2 Kurzcharakterisierung der Sinti und Roma

Romgruppen leben bereits seit Jahrhunderten in Europa und bilden in ihren jeweiligen Herkunftsländern historisch gewachsene Minderheiten, die eine jahrhundertealte Historie gesellschaftlicher Verfolgung und Diskriminierung aufweisen (vgl. IntQ 1: *Dokumentations- und Kulturzentrum Deutscher Sinti und Roma*). Mit ca. 12 Millionen Menschen bilden sie die größte bekannte Minderheitengruppe Europas (vgl. *Weisz* 2015, S. 18), jedoch ohne eigenes Staatsterritorium. Sinti, als eine Teilgruppe der Romvölker, sind in West- und Mitteleuropa verortet, wohingegen Roma sich, den historischen Aufzeichnungen zufolge, im ost- und südosteuropäischen Raum angesiedelt haben. Sprachwissenschaftlichen Untersuchungen zufolge wurden Pakistan und Indien als die ursprüngliche Herkunft der Sinti und Roma nachgewiesen, da das Romanes[2] mit der altindischen Sprache Sanskrit verwandt ist (vgl. IntQ 1: *Dokumentations- und Kulturzentrum Deutscher Sinti und Roma*). Das Wortpaar *Sinti und Roma* ist eine Besonderheit des deutschen Sprachraumes und bezeichnet die unter die Gesamtheit der *Romvölker* fallenden Teilgruppen, wonach jeweils die Teilgruppe mit dem jeweilig mehrheitlichen Größenvorkommen zuerst genannt wird. So beschreibt das Wortpaar in Deutschland *Sinti und Roma*, wohingegen in Österreich *Roma und Sinti* die Dominanz der Roma bezeichnet. Außerhalb des deutschen Sprachraums wird Roma als Name für die gesamte Minderheit verwendet (vgl. *ebd.*).

Sinti sind in Deutschland bereits seit ca. 600 Jahren beheimatet und repräsentieren gemeinsam mit den deutschen Roma als deutsche Sinti und Roma, neben den deutschen Sorben, den Friesen und den Dänen eine nationale Minderheit. Die Minderheitengruppe der deutschen Sinti und Roma wurde in das im Jahre 1995

[2] „Romanes" oder auch „Romani" bezeichnet die Sprache der Rombevölkerung. „Roma" aus dem Romanes = Menschen.

unterzeichnete „Europäische Rahmenübereinkommen zum Schutz nationaler Minderheiten" aufgenommen (vgl. *Delfeld* 2015, S. 242), welches der Minderheit unter anderem die Förderung, Achtung und Anerkennung ihrer Kultur, den Schutz vor Assimilationsversuchen und Maßnahmen zum Schutz vor Diskriminierung aufgrund ihrer Ethnizität zusichert (vgl. IntQ 16: *Europarat* 1995). Als deutsche Roma gelten die Menschen, dessen Vorfahren seit der 2. Hälfte des 19. Jahrhunderts nach Deutschland zugewandert sind (vgl. *von Mengersen* 2015, S. 13). Sinti und Roma bilden keine homogene Gruppe, „ [...] auch wenn sich beide der Gruppe der Roma angehörig fühlen" (*von Mengersen* 2015, S. 13).

Durch Bürgerrechtsbewegungen, deren Grundstein ein von Sinti initiierter Hungerstreik an der Gedenkstätte Dachau im Jahre 1980 legte (vgl. *Delfeld* 2015, S. 235), schlossen sich im Jahr 1982 neun Roma-Verbände zum „Zentralrat Deutscher Sinti und Roma" zusammen.

Im Zuge des Wechsels von der Fremd- zur Selbstbezeichnung[3], nahmen auch zunächst die jeweiligen Interessenverbände in Deutschland diese Bezeichnung an und fügten ihrer Selbstbezeichnung bald die in Deutschland in der Mehrheit vertretene Sintgruppe hinzu. Das Wortpaar wurde von den Interessenverbänden der Romgruppen in den 1980er Jahren im deutschen Sprachgebrauch implementiert, um das stigmatisierte Wort „Zigeuner" abzulösen. Die „IRU-International Roma Union", als wichtigste transnationale Interessenvertretung der Roma, bevorzugt die international dominierende Bezeichnung Roma als Bezeichnung für die gesamte Minderheit (vgl. IntQ 2: *International Roma Union*).

Auslösende Faktoren für den Migrationsweg nach Europa sind, entgegen der Mehrheitsauffassung, welche den Romgruppen einen Wandertrieb zuschreibt, Vertreibung, Kriege und/oder wirtschaftliche Not, welche sich im Laufe ihrer (Zuwanderungs-) Geschichte wiederholten respektive fortsetzten (vgl. IntQ 3: *bpb: Engbring-Romang* 2014). Auf Grundlage ihrer Geschichte haben unter anderem die Säulen der Sprache und der Familie im Leben der Roma einen besonders hohen Stellenwert. Sprache wird als wichtiges Identitätsmerkmal angesehen, denn die Verständigung in Romanes schafft Vertrauen und ist eine Bekennung zur Minderheitengruppe. Gleichzeitig ist ebendiese Identifikation in Anbetracht des

[3] also der jeweilig nationalen Bezeichnungen von z.B. „Zigeuner" im deutschen Sprachraum oder „Gypsy" im englischen Sprachraum in „Roma".

historischen Verlaufes während des Nationalsozialismus, aber auch in Anbetracht hiesiger Diskriminierungserfahrungen negativ konnotiert (vgl. *Lagrene* 2015, S. 245).

2.3 Sinti und Roma in Deutschland: Vergangenheit und Einführung in den Status Quo

Dass die Festlegung auf die erste Dokumentation der Anwesenheit der Romgruppen in Hildesheim im September 1407 aufgrund der Fremdbezeichnung „Tateren [sic!]“ [4] literaturwissenschaftlich umstritten ist (vgl. *Opfermann* 2015b, S. 27) gibt erste Hinweise darauf, dass von Beginn an Fremdbezeichnungen und fremdbestimmte Dokumentationen sowie Untersuchungen den Diskurs beherrschten. Zeitgenössische Quellenbestände sind nicht allumfassend erschlossen, lassen jedoch Rückschlüsse zu, dass ab 1417 erste urkundliche Erwähnungen von Gruppen aus „Klein-Ägypten“ berichteten, aus denen mit vermeintlichem Herkunftsbezug die Fremdbezeichnung „gypsy“ oder „gitano“ in den damaligen Sprachgebrauch resultierte. In der 2. Hälfte des 15. Jahrhunderts war sowohl bürgerliche Anerkennung und Akzeptanz gegenüber den Romvölkern als auch bereits negative Zuschreibungen wie „diebisches Verhalten [sic!]“ (*Opfermann* 2015b, S. 27) erkennbar. Dies markiert nach *Klaus-Michael Bogdal* eine Ambivalenz aus Verachtung und Faszination der Mehrheitsbevölkerung (vgl. *Bogdal* 2015b, S. 88). Sukzessive entwickelte sich eine Strafpraxis, die durch reichsweite Beschlüsse Romgruppen kollektiv unter den Generalverdacht der unterstellten muslimischen[5] Spionage stellte. In diesem Zuge festigte sich eine Praxis aus Duldungsverboten, Geleitverboten und Ausweisungsandrohungen, die die Romvölker dazu zwang, illegalisierte Migration zu betreiben. Im weiteren historischen Verlauf durch Etappen der Deklarierung zur Vogelfreiheit, Zwangsarbeit, Kriminalisierung zur Durchsetzung des Gewaltmonopols (vgl. *Opfermann* 2015b, S. 31), Kontaktverboten zur Mehrheitsbevölkerung und der Entwicklung der „Zigeunerpolitik“ des deutschen Kaiserreiches, **verschärfte und verfestigte** sich die institutionell legitimierte Diskriminierung der Romvölker. Zwangsmaßnahmen wie die getrennt von den

[4] Diese Gruppenbezeichnung ist im nördlichen Mitteleuropa und in Skandinavien bis heute ein Synonym für „Heiden“ bzw. „Zigeuner“.

[5] Die Erklärung des Spionageverdachts dürfte laut *Opfermann* in der mit der ersten Belagerung Wiens (1529) verbundenen Aufkeimung der „muslimischen Gefahr“ liegen (vgl. *Opfermann* 2015b, S. 29).

Eltern durchzuführende Erziehung der Kinder, waren stark geprägt von damaligen Rassenideologien und laut *Marion Bonillo* vollzog sich an dieser Schnittstelle „ein fließender Übergang von extrem negativen ´Zigeuner´-Ressentiments hin zu einer rassistisch fundierten ´Zigeuner´-Stereotype" (*Bonillo* 2015, S. 51). Zwei Betrachtungsebenen bestimmten während des deutschen Kaiserreiches den „Zigeunerdiskurs": die kriminalbiologische und die anthropolo-gische Betrachtungsebene; beiden inhaltlich gemeinsam waren jedoch eindeutig rassistische Akzente (vgl. *Bonillo* 2015 mit Verweis auf *Bogdal* 2011a, S. 307–347).

Die diskriminierende Politik entwickelte sich weiter und zu Beginn des 20. Jahrhunderts ereilten nationale und internationale Bestrebungen die „Zigeunerpolitik" nicht nur zu vereinheitlichen, sondern auch weitergehend zu verschärfen (vgl. *Bonillo* 2015, S. 60). Die Ausgrenzungspolitik des deutschen Kaiserreichs wurde nach dem ersten Weltkrieg kontinuierlich betrieben und „nach dem Machtantritt der National-sozialisten aufgegriffen, fortgeführt und radikalisiert [...]" (*Opfermann* 2015b, S. 82).

In der Zeit des Nationalsozialismus wurde eine systematische Rassenpolitik betrieben, dessen fester Bestandteil auch die „NS-Zigeunerpolitik" war. Katalysatoren dieser Prozesse waren besonders die Polizei und die „Rassenpolitiker" (vgl. *Fings* 2015a, S. 106). Staatliche Institutionen wie die „Reichszentrale zur Bekämpfung des Zigeunerunwesens" wurden etabliert und „Zigeunerexperten", insbesondere Dr. Dr. Robert Ritter,[6] fertigten „Gutachten" an, die eine vermeintliche Legitimation für polizeiliche Maßnahmen, Sterilisationen und die später folgenden Deportationen lieferten. Obwohl die institutionellen und gesellschaftlichen Rahmenbedingungen den Romvölkern das allgemeine Leben erschwerten, waren sie entgegen Behauptungen der NS-Propaganda in das gesellschaftliche Leben integriert. Viele Sinti und Roma leisteten sogar im ersten Weltkrieg Militärdienst.

Während der Diktatur wurden im nationalsozialistisch besetzten Europa Millionen Menschen systematisch ermordet, darunter mindestens 500.000 Sinti und Roma (vgl. IntQ 4: *Dokumentations- und Kulturzentrum Deutscher Sinti und Roma*). Auf der Ebene der europäischen Dimension wurden Sinti und Roma systematisch erfasst, isoliert, deportiert und besonders im deutsch besetzten Ost- und Südosteuropa auch

[6] Dr. Dr. Robert Ritter promovierte in Psychologie und Medizin und etablierte sich als „Zigeuner-experte" im Dritten Reich. Er führte seine wissenschaftliche Arbeit nach 1945 weiter und gab an, zu NS-Zeiten wertfrei geforscht zu haben (vgl. *Fings* 2015a, S. 107 und *Fings* 2015b, S. 154).

außerhalb der Lager willkürlich ermordet (vgl. *Fings* 2015a, S. 109, 117 f.). Der Völkermord an den Sinti und Roma (Porajmos) fand jedoch im Gegensatz zum Genozid an den Juden (Shoa) lange Zeit keinen Raum im öffentlichen Diskurs und Gedenken. Die erste öffentliche Anerkennung des Völkermordes wurde durch den damaligen Bundeskanzler Helmut Schmidt im Jahre 1982 ausgesprochen (vgl. *Fings* 2015b, S. 145).

Bis zur gegenwärtigen gesellschaftspolitischen Situation durchliefen die politischen Strategien in Bezug auf Romgruppen in den 1950er Jahren zunächst den Versuch an alten Exklusionspraktiken zur Abschreckung und Vertreibung festzuhalten. In den 1960er Jahren wurde versucht ein autoritäres Konzept aus bedingter Akzeptanz der Minderheiten ohne Angebot von Integration und Teilhabe in Form der Containment-Politik[7] zu etablieren. Mit dem Wandel der edukativen Grundlage lokaler Sozialpolitik und der sich professionalisierenden Wohlfahrtspflege wurde Ende der 1960er Jahre ein neuer Kurs in der Minderheitenpolitik, die sogenannte Sozialplanung begonnen. Durch das Instrument der Sozialberichterstattung und des Handelns auf Grundlage wissenschaftlicher Befunde, sollten „die Ursachen von Ausgrenzung und sozialer Benachteiligung überw[u]nden [werden]" (*Widmann* 2015, S. 177).

In den neuen sozialen Bewegungen, die sich in den 1970er Jahren formierten und sich ausgegrenzten Gruppen zuwandten, entstand eine Bürgerrechtsbewegung der deutschen Sinti und Roma, die nicht nur maßgeblich zur politischen Emanzipation dieser Minderheit beitrug, sondern auch den Beginn einer Bewusstseinsänderung über den Völkermord und die fortlaufenden Diskriminierungen bei der Mehrheitsbevölkerung bewirkte (vgl. *Peritore* 2015, S. 188). Es konnten durch die Bemühungen des „Zentralrats Deutscher Sinti und Roma" viele Erfolge im politischen Diskurs verbucht werden. Einer dieser Erfolge ist die eingangs erwähnte Aufnahme der deutschen Sinti und Roma in das „Europäische Rahmenübereinkommen zum Schutz nationaler Minderheiten", welches in Deutschland als Bundesgesetz umgesetzt wurde (vgl. IntQ 5: *Bundesministerium des*

[7] Die Containment Politik wurde von dem Soziologen Jean-Pierre Liégeois europaweit als Versuch beschrieben, die Bevölkerungsanteile die nicht vertrieben werden können innerhalb des Stadtgebietes, isoliert von anderen Wohngebieten, anzusiedeln (vgl. *Widmann* 2015, S. 174).

Innern 2014). Davon zu unterscheiden sind Romgruppen ausländischer Staatsangehörigkeit.[8]

Darüber hinaus wurde den Mitgliedsstaaten auf europäischer Ebene im Jahr 2011 auferlegt, einen Bericht zur „nationalen Strategie zur Integration der Roma bis 2020" zu erarbeiten. Die Bundesregierung übermittelte den Bericht im Dezember 2011 an die Europäische Kommission (vgl. IntQ 6: *Bundesministerium des Innern* 2011).

In der gegenwärtigen Situation der Minderheitenpolitik werden jedoch die Grenzen der ersuchten Assimilation, gar der Integration sichtbar. *Peter Widmann* benennt drei Grenzen für die Möglichkeiten sozialtechnischer Eingriffe: die Konkurrenz auf den lokalen Arbeitsmärkten, die Zählebigkeit von Wahrnehmungsmustern und die strukturelle Segregation (vgl. *Widmann* 2015, S. 180 f.). Angesichts des stetigen gesellschaftlichen und sozioökonomischen Wandels in Zeiten einer Konkurrenzgesellschaft, die sich mit Herausforderungen wie einer erhöhten Anzahl von Asylbewerbern und nationaler Polemik konfrontiert sieht, bestreiten in unserer Gesellschaft sowohl Sinti und Roma deutscher Staatsbürgerschaft, Roma als Unionsbürger, aber auch als Nicht-EU-Bürger ihren Lebensalltag. Zentrale Faktoren für die Zuwanderung von Roma nach Deutschland stellen sowohl die Situation in den Balkan-Staaten als auch die EU-Ost Erweiterung dar (vgl. IntQ 7: *Berlin-Institut für Bevölkerung und Entwicklung: Grienig* 2010).

Laut Angaben der „Antidiskriminierungsstelle des Bundes" leben in Deutschland aktuell ca. 80.000 bis 140.000 Sinti und Roma, von denen etwa 70.000 die deutsche Staatsbürgerschaft besitzen. Die Rombevölkerung als größte ethnische Minderheitengruppe Europas beziffert in Europa etwa 10 bis 12 Millionen Menschen, in der EU schätzungsweise sechs Millionen Menschen (vgl. IntQ 8: *Antidiskriminierungsstelle des Bundes* 2014). Das Verhältnis der Anteile an der europäischen Gesamtbevölkerung wird anhand folgender Grafik veranschaulicht:

[8] In dieser Arbeit kann aus quantitativen Gründen weder auf den rechtlichen Status noch auf den sich wandelnden Kurs der Asylpolitik eingegangen werden.

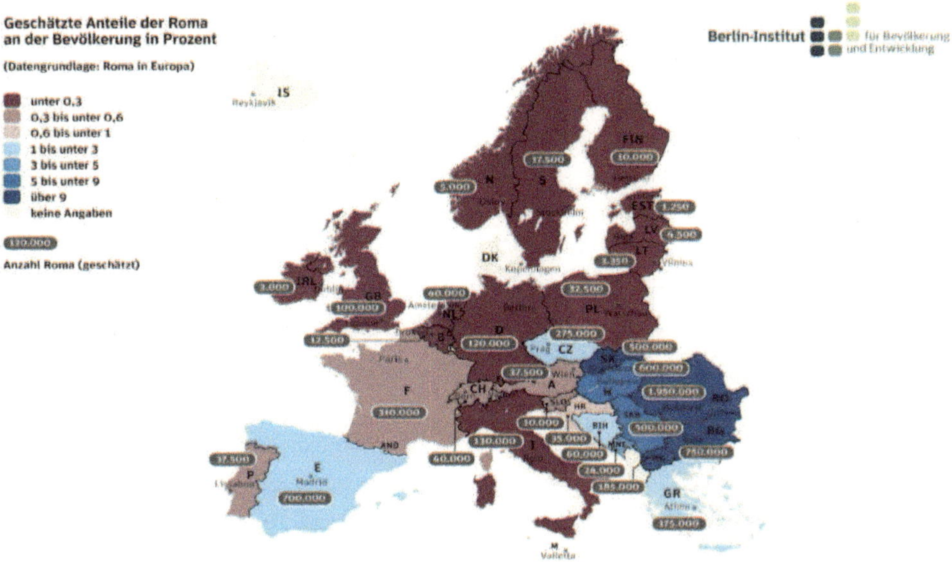

Quelle: Berlin-Institut für Bevölkerung und Entwicklung

Laut *Gregor Grienig* ist die Bevölkerungsgruppe der Romvölker in der deutschen Statistik aufgrund von mehrdimensionalen Problemlagen empirisch nur schwer zu erfassen und lässt daher nur geschätzte Angaben zu. Zum einen beruhen deutsche Zahlen zur Ethnie generell auf Schätzungen, da in amtlichen Datenerhebungen stets nach der Nationalität, nicht aber nach der Ethnienzugehörigkeit gefragt wird. Zum anderen verweigern Romgruppen oftmals die Bekennung zur Ethnie aus Furcht vor sozialer Ausgrenzung (vgl. IntQ 7: *Berlin-Institut für Bevölkerung und Entwicklung: Grienig* 2010). Den derzeitigen Forschungsstand der Antiziganismusforschung[9] in der BRD bezeichnet *Prof. Dr. Wolfram Stender*[10] im Vergleich zu dem der Antisemitis-musforschung als rückständig (vgl. IntQ 9: *Forschungsprojekt HSH: Stender* 2016).

[9] Die Bezeichnung Antiziganismusforschung ist in Fachkreisen semantisch umstritten, da auch diese die Zuschreibung „Zigeuner“ enthält. Im Rahmen dieser Arbeit wurde der Begriff als zutreffend gewählt, da er namentlich bereits auf die Kernsymptomatik der Stigmatisierung verweist.

[10] Herr Prof. Dr. Wolfram Stender ist Projektleiter des Forschungsprojektes „Konstellationen des Antiziganismus. Aktuelle Erscheinungsformen der Diskriminierung von Sinti und Roma und Grundlinien einer sozialpädagogischen Antidiskriminierungsarbeit“ an der Hochschule Hannover.

3 Darstellung der Diskriminierung von Sinti und Roma in Deutschland

In den folgenden drei Unterkapiteln soll im Rahmen der eingangs erwähnten soziologischen Definition von Diskriminierung veranschaulicht werden, in welcher Form Diskriminierung gegenüber Sinti und Roma gegenwärtig in Deutschland in Erscheinung tritt. Die im Folgenden ausgewählten Diskriminierungskategorien entsprechen den im politischen Kontext bedeutsamen Kategorien der individuellen, institutionellen und strukturellen Diskriminierung (vgl. *Degener et al.* 2008, S. 66). Im Kontext Sozialer Arbeit sind besonders diese Kategorien von großer Bedeutung, da sie die Schnittstelle zwischen Sozialer Arbeit und Politik markieren. Das Allgemeine Gleichbehandlungsgesetz (AGG), welches semantisch von folgenorientierter Benachteiligung spricht, differenziert nach mittelbarer und unmittelbarer Form, also nach direkter und indirekter Form von Benachteiligung und Diskriminierung.

„Ziel des Gesetzes ist, Benachteiligungen aus Gründen der Rasse oder wegen der ethnischen Herkunft, des Geschlechts, der Religion oder Weltanschauung, einer Behinderung, des Alters oder der sexuellen Identität zu verhindern oder zu beseitigen" (§1 AGG).

Ungeachtet dieser uneindeutigen Begriffslage werden im Folgenden Diskriminierungen im Sinne von intentionalem Ungleichbehandeln aufgeführt, welche das Aberkennen von Ansprüchen und desselben Wertes des betroffenen Menschen mit negativen Folgen für eben diesen beinhalten. Diskriminierungen sind häufig mehrdimensional oder treten als Mehrfachdiskriminierung auf, was oftmals eine eindeutige Zuschreibung einer Ebene der Diskriminierung erschwert (vgl. IntQ 10: *Anti-diskriminierungsstelle des Bundes* 2013).

Die folgende Darstellung versteht sich nicht als abschließend, sondern soll als exemplarische Funktion zum Verweis auf die vorhandenen Diskriminierungen dienen.

3.1 Diskriminierung auf der individuellen Ebene

Unter individueller Diskriminierung werden vorurteilsbehaftete Handlungen und Haltungen zusammengefasst (vgl. *Degener et al.* 2008, S. 66), die sich in konkreten Handlungen auf interaktioneller Ebene ausdrücken. Da die individuelle Diskriminierung auf Vorurteilen und Stereotypen fußt, ist diese Diskriminierungsform häufig rational nicht zu erklären. Individuelle Diskriminierungsformen können mit strukturellen und institutionellen Diskriminierungsformen zusammenhängen, aus diesen resultieren oder sie bedingen (vgl. IntQ 10: *Antidiskriminierungsstelle des Bundes* 2013).

Unter dem Titel „Zwischen Gleichgültigkeit und Ablehnung" wurde 2014 im Auftrag der Antidiskriminierungsstelle des Bundes (ADS) eine der ersten umfangreichen und repräsentativen Erhebungen zur Bevölkerungseinstellung zu Sinti und Roma veröffentlicht (vgl. IntQ 11: *Antidiskriminierungsstelle des Bundes* 2014). Die Studie, welche von dem Zentrum für Antisemitismusforschung und dem Institut für Vorurteils- und Konfliktforschung erarbeitet wurde, gibt Aufschluss darüber, dass den Sinti und Roma im Vergleich zu anderen Minderheiten die geringste Sympathie entgegengebracht wird. So lehnt laut der vorliegenden Studie jeder dritte Deutsche Sinti und Roma als Nachbarn ab; 20 % der Befragten geben eine klare Abneigung Preis. Im Unterschied zu Abneigungen gegenüber anderen Minderheiten (vgl. IntQ 12: *Mediendienst Integration: Attamann/Ghelli* 2014) zieht sich die Ablehnung gegenüber Sinti und Roma durch alle Bevölkerungsschichten und geht einher mit der Auffassung, von 49 % der Befragten, dass die Minderheit durch ihr Verhalten Feindseligkeit hervorriefe (vgl. IntQ 11: *Antidiskriminierungsstelle des Bundes* 2014, S. 18). Auf die Frage, was zum adäquaten Zusammenleben nötig sei, gaben 80 % ein rigoroseres Vorgehen gegen Sozialleistungsmissbrauch und 78 % gegen Kriminalität an. So hat offenbar der öffentlich geführte Diskurs über Zuwanderer aus Bulgarien und Rumänien – medial oftmals gleichgesetzt mit Roma – bereits vorhandene Stereotype neu entfacht oder neue Stereotype aufkommen lassen. Die Erhebung lässt allerdings auch erkennen, dass sich in den Bevölkerungseinstellungen gegenüber der Minderheit der Sinti und Roma kein fester Vorurteilsbestand ausmachen lässt. „Aktiviert werden die existierenden Vorurteilsmuster in Momenten des realen oder vorgestellten Kontaktes mit dem Thema" (IntQ 11: *Antidiskriminierungsstelle des*

Bundes 2014, S. 13). So dienen Missstände, die im politischen, gesellschaftlich wie auch im medialen Diskurs, unter Zuhilfenahme von Stereotyp-Bildern und Gleichsetzung von Nationalität und Ethnie, angeführt werden als Nährboden zur Reproduktion von Vorurteilen und sozialen Missständen. Die ambivalenten Forderungen der Befragten geben Aufschluss über eine der zentralen Aussagen der Studie, welche ein breites Unwissen über die Bevölkerungsgruppe in der Mehrheitsbevölkerung bestätigt. So nimmt jeder zweite Befragte die Minderheit als benachteiligte Gruppe wahr, assoziieren jedoch ca. 20 % mit dem herabwürdigenden Begriff „Zigeuner" sowohl Kriminalität als auch Schmarotzertum. Die Projektleiter der Studie *Prof. Dr. Wolfgang Benz*[11] und *Prof. Dr. Werner Bergmann* sehen den Grund dafür, dass sich die Befragten nicht weiter mit den Entstehungsmechanismen für diese Assoziationen – also den Vorurteilen – beschäftigen, nicht nur in der weit verbreiteten Unwissenheit der Bevölkerung und den extern projizierten Stereotypen. Sie machen den Auslöser in der Schnittstelle der Ablehnung und der Gleichgültigkeit aus, „da die Gleichgültigkeit, die dem Thema und der Minderheit entgegengebracht wird, keine weitere Auseinander-setzung notwendig erscheinen lässt" (IntQ 11: *Antidiskriminierungsstelle des Bundes* 2014, S. 13). Das generelle Unwissen über die Ethnie zeichnet sich darin ab, dass nur 7 % der Befragten den Unterschied von Sinti und Roma benennen konnten. Darüber hinaus wurde die Zahl der in Deutschland lebenden Sinti und Roma zwischen 250.000 und eine Million geschätzt, wohingegen sich die tatsächliche Anzahl auf schätzungsweise 80.000 bis 140.000 beläuft (vgl. IntQ 8: *Antidiskriminierungsstelle des Bundes* 2014). Der Fakt des Völkermordes an den Sinti und Roma während des Nationalsozialismus ist in der Bevölkerung oftmals bekannt, jedoch lässt sich hier ein klarer Generationenunterschied ausmachen; so ist dieses Thema lediglich jedem dritten Deutschen unter 34 Jahren unbekannt. Auffallend für das Zusammenspiel von Antipathie, sozialer Distanz und Unwissenheit ist das Ergebnis, dass unter der generationenübergreifenden Personengruppe, die die größte soziale Distanz zu Sinti und Roma aufwies, 38 % deren Verfolgung nicht bekannt war, wohingegen unter der Personengruppe die keine soziale Distanz zu Sinti und Roma aufwies, 14 % deren Verfolgung nicht bekannt war (vgl. IntQ 11: *Antidiskriminierungsstelle des Bundes* 2014, S. 50 f.).

---

[11] *Prof. Dr. Wolfgang Benz* ist ein international anerkannter Vertreter der Vorurteilsforschung mit dem Forschungsschwerpunkt unter anderem auf Minderheitenfragen.

Subsummierend lässt sich sagen, dass anhand der Ergebnisse der vorliegenden Studie Unwissenheit, teils offene Ablehnung und emotionale sowie soziale Distanz gegenüber Sinti und Roma das öffentliche Leben im Hinblick auf Bevölkerungseinstellungen bestimmen. Besonders deutlich wird dies durch das Ergebnis der Umfrage, dass sämtliche Sinti und Roma ungeachtet ihrer Staatsbürgerschaft und obwohl sie zum Teil seit ca. 600 Jahren auf dem Gebiet des heutigen Deutschlands beheimatet sind, als extern eindringende Fremdlinge wahrgenommen werden. Nach Aussage von *Christine Lüders*, Leiterin der ADS, bilden diesbezüglich Gleichgültigkeit, Ablehnung und Unwissenheit eine gefährliche Mischung, welche Nährboden[12] für Diskriminierungen gegenüber Sinti und Roma bieten (vgl. IntQ 13: *Lüders* 2014). Diskriminierendes Gedankengut ist somit Wegbereiter für diskriminierende interaktionelle Handlungen, in deren Rahmen Romgruppen als „Zigeuner" beschimpft werden (vgl. *Jonuz*[13] 2009, S. 290) und auf Grundlage des Stigmas Ethnizität Ungleichbehandlungen und Übergriffen[14] ausgesetzt sind.

3.2 Diskriminierung auf der institutionellen Ebene

Unter Diskriminierung auf der institutionellen Ebene werden die Ergebnisse aus diskriminierenden, organisatorischen Handlungen im Rahmen von gesellschaftlichen Institutionen subsummiert. Als solche können sie in Form von Regelungen, Praktiken und politischen Maßnahmen auf der Ebene von Organisationen individuelle Haltungen beeinflussen, welche dann in individuelle Diskriminierung münden können (vgl. *Degener et al.* 2008, S 66). Betrachtet man den Organisationsbegriff,[15] so können institutionelle Diskriminierungen sowohl in organisierten Strukturen der gesellschaftlichen Teilhabe wie Bildung, Arbeitsmarkt oder Stadtentwicklung, aber auch in Handlungsstrukturen der Wohnungspolitik, dem

[12] In diesem Kontext bilden auch die soziale Herkunft und die Sozialisationsphase einen elementaren Faktor als Bedingung für diskriminierende Haltungen und Handlungen (vgl. Kapitel 4.2).
[13] *Elizabeta Jonuz* führte eine qualitativ angelegte empirische Untersuchung der Roma mit ressourcenorientierter Perspektive durch (vgl. *Jonuz* 2009, S. 289).
[14] Als Übergriffe sollen hier exemplarisch das 2015 in Berlin geschändete Denkmal zur Erinnerung an die zur NS-Zeit ermordeten Sinti und Roma (vgl. IntQ 28: *Zeit Online*) als auch ein Anschlag auf ein Sinti- und Roma Haus in Leverkusen (vgl. IntQ 27: *Hamburger Abendblatt*) erwähnt werden.
[15] Im Rahmen dieser Arbeit wird „Organisation" als Instrument, Funktion und Institution verstanden.

Gesundheitswesen, oder des Polizeiapparates stattfinden. Obgleich Sinti und Roma in vielen Bereichen institutionelle Diskriminierungserfahrungen angeben (vgl. *Strauß* 2011, S.45), wird sich dieser Abschnitt zur institutionellen Diskriminierung am Beispiel behördlicher Vorgehensweisen bedienen.
Um ein transparentes Bild zu den diskriminierenden Erfahrungen, die Romgruppen mit der Institutionsinstanz Polizei und dem Staat – als Gesamtheit dieser Instanzen – erleben, zu skizzieren, ist es unerlässlich einen Blick auf die historischen Entwicklungen zu werfen. Es lässt sich feststellen, dass die in Kapitel 2.3 institutionell diskriminierenden Praktiken nach dem Zerfall des Dritten Reiches an den Romgruppen fortgeführt wurden. Klar ausmachen lässt sich dies zum einen an den staatlich betriebenen Exklusionspraktiken in Köln, in deren Rahmen den Überlebenden der „Zigeuner"-Verfolgung Lagerplätze zugewiesen wurden, während denjenigen, welche man als „Nichtzigeuner" klassifizierte, Wohnungen im Stadtgebiet bereitgestellt wurden (vgl. *Fings* 2015b, S. 147). Ein weiterer Beleg für die Fortführung der institutionell diskriminierenden Praktiken nach dem Zerfall des Dritten Reichs sind die unzähligen Rechtsstreite in denen betroffenen Überlebenden des NS-Regimes materielle Ansprüche auf Entschädigungen durch ihren Freiheitsentzug nicht zugestanden wurden. *Wolfgang Benz* analysierte in diesem Zusammenhang die Verfahren um das „Zigeunerlager Marzahn", in deren Zuge seitens der staatlichen Instanzen stets abgestritten wurde, dass es sich bei dem Lager um eine Zwangsunterkunft handelte (vgl. *Benz* 1996a, S. 158 ff.). So wurde den Betroffenen in Verfahrensverläufen nicht nur das Recht auf Entschädigungsleistungen aberkannt, auch sollte der Zwangsaufenthalt im Lager Marzahn im Fall einer Klage aus dem Jahre 1985 nicht als Grund für die zeitliche Lücke in der Meldung zur Sozialversicherung dienen und wurde als Ersatzzeit verweigert. Dieser Umgang mit der Gruppe der Sinti und Roma ist ein weiterer Hinweis darauf, dass die Gesellschaft ihren Opferstatus in diesem Zusammenhang lange Zeit nicht anerkannt hat (vgl. *Fings* 2015b, S. 145) „und so bestand die stillschweigende Übereinkunft, die 'Zigeuner' seien eigentlich zu Recht verfolgt worden" (*Benz* 1996a, S 147). So lässt sich schlussfolgern, dass es nicht nur juristische oder formale Mechanismen waren, die die Verfolgung dieser Minderheit in der BRD ignorierten und versuchten zu verharmlosen, sondern vielmehr gesamtgesellschaftliche Prozesse ausschlaggebend waren. *Karola Fings* spricht in diesem

Zusammenhang von „Schuldabwehr durch Schuldumkehr" (*Fings* 2015b, S. 145 ff). Besonders in der Erstellung von psychologischen Gutachten wurde deutlich, dass alte stereotypgeprägte Vorurteilsbilder weiterhin instrumentalisiert wurden und somit den allgemeinen Diskurs beherrschten. Als in den 1960/1970er Jahren betroffene Angehörige der Minderheit der Romgruppen Rentenansprüche aufgrund von erlittenen Gesundheitsschäden während der NS-Zeit geltend machen wollten, war es keine Seltenheit, dass Gesundheitsschäden nicht der KZ-Haft zugeschrieben wurden, sondern vielmehr laut Gutachten als „psychosoziale Konsequenz traditionsgeleiteter Erziehungsstilistik und soziokultureller Randständigkeit" (*Benz* 1996a, S. 149) angesehen wurden. Im Falle einer Sintezza,[16] an der während der NS-Zeit eine Zwangsterilisation durchgeführt wurde, ließ das Gutachten verlauten, begründet in der „Persönlichkeit [...] der Antragstellerin [...] [sei] die Tatsache einer erzwungenen Kinderlosigkeit [für sie] weniger eine seelische Dauerbelastung [...] als für den Durchschnitt normal empfindender Frauen in gleicher Situation" (*Benz* 1996a, S. 149).

Die Tatsache, dass es vielen Akteuren der NS-„Zigeunerpolitik" nach 1945 nicht nur gelang, ihre Verbrechen zu verdunkeln, sondern auch fortlaufend auf NS-Akten zurückzugreifen (vgl. *Fings* 2015b, S. 152) und in Entschädigungsverfahren als „Gutachter" aufzutreten, gibt Aufschluss darüber in welcher Art und Weise die Minderheit der Sinti und Roma diesen Mechanismen unterlag. Fast alle Anzeigen gegen Kriminalbeamte und Wissenschaftler verliefen jahrzehntelang ergebnislos und wurden letztendlich eingestellt (vgl. *Fings* 2015b mit Verweis auf *Opfermann* 2012a, S. 315 ff.).

Jenseits dieser institutionellen Diskriminierungsmaschinerie hatte das fortlaufende Zurückgreifen auf vermeintlich wissenschaftliche Befunde zur imaginären Kategorisierung „Zigeuner" auch die Reproduktion von Vorurteilen gegenüber dieser Minderheit zur Folge.

Die aufgeführten Fakten sowie die Tatsache, dass diese Mechanismen gegenwärtig auch noch von Bedeutung sind, beweist ein vom Bundeskriminalamt in Auftrag gegebenes Forschungsprojekt aus den Jahren 2008–2011, welches sich kritisch mit der Vergangenheit der Behörde im Kontext des Nationalsozialismus, aber auch mit dem Umgang mit Minderheiten, insbesondere den Sinti und Roma befasste (vgl. IntQ

[16] Sintezza ist die weibliche Form von Sinti.

14: *Bundeskriminalamt* 2011). Ein zentrales Ergebnis dieses Forschungsprojekts ist die Feststellung, dass viele Beamte lange Zeit die Auffassung vertraten, dass den Sinti und Roma eine besondere Bedeutung in der Strafverfolgung zuteilwerden müsse (vgl. *Jaschke* 2008a, S. 3). Auch wurde erhoben, dass im Nachkriegsdeutschland Veröffent-lichungen im Rahmen von Fachtagungen an vielen Stellen von antiziganistischen Stereotypen geprägt waren und die behördlichen Routinen im Rahmen von Fahndungen, Meldungen und statistischen Auswertungen auf diese zurückgriffen. Weiterhin wurde festgestellt, dass im Rahmen von kriminal-polizeilicher Bund-Länder-Zusammenarbeit das BKA sich bis 2001 an Tätigkeiten[17] beteiligt hat, welche als Diskriminierung gegenüber Sinti und Roma einzustufen sind (vgl. *Jaschke* 2008b, S. 51).

Angefügt sei, dass Diskriminierungen auf institutioneller Ebene besonders schwer wiegen, da hier das Macht- und Abhängigkeitsverhältnis besonders deutlich wird.

3.3 Diskriminierung auf der strukturellen Ebene

Wenn aus diskriminierenden Haltungen, Regelungen oder Praktiken sich selbst am Laufen erhaltende, ineinandergreifende und wiederholende diskriminierende Strukturen entstehen, kann man von struktureller Diskriminierung sprechen (vgl. *Degener et al.* 2008, S. 66). Strukturelle Diskriminierung ist in einem sozialen Setting zu finden, sobald in diesem Gruppen oder einzelne Personen aufgrund von Zugehörigkeitsmerkmalen ungleich behandelt oder benachteiligt werden (vgl. IntQ 10: *Antidiskriminierungsstelle des Bundes* 2013).

Im Folgenden wird strukturelle Diskriminierung der Romgruppen anhand der sich verselbstständigenden Mechanismen der deutschen Berichterstattungen beschrieben. Die stereotype Darstellung von Sinti und Roma ist in deutschen Medien allgegenwärtig und findet sich exemplarisch im Zuge einer Gleichsetzung von Ethnie und Staatsangehörigkeit unter Schlagzeilen wie der „Armutszuwanderung aus Osteuropa" oder den „Roma-Clans" wieder (vgl. IntQ 15: *Faz.net: Elend als Geschäftsmodell* 2013). Bezeichnend für die antiziganistischen Merkmale der deutschsprachigen Medienlandschaft, ist die Kernsymptomatik des Antiziganismus selbst. So wird laut

[17] Die Tätigkeiten wurden seitens des BKA nicht näher geschildert, sondern lediglich subsummierend als antiziganistisch dargestellt.

Markus End[18] „aus einer homogenisierenden und essentialisierenden Wahrnehmung und Darstellung bestimmter sozialer Gruppen unter dem Stigma 'Zigeuner'" (*End* 2015c, S. 201) dieser sozialen Gruppe als Fremdgruppe Eigenschaften zugeschrieben, die von der sozialen Norm abweichen und bei der konstatierten Wir-Gruppe unerwünscht sind. Angehörige der vermeintlichen Fremdgruppe werden auf das Stigma reduziert und eine Zugehörigkeit zur „imaginierten Gruppe der 'Zigeuner'" (*End* 2015c, S. 201) wird als unveränderbar wahrgenommen. Obgleich die Fremdbezeichnung „Zigeuner" die gängigste diffamierende Bezeichnung für soziale Gruppen die antiziganistisch wahrgenommen werden ist,[19] wird besonders in dem gegenwärtigen Diskurs die eigentliche Selbstbezeichnung *Sinti und Roma* oder *Roma* in stigmatisierender Form verwendet (vgl. *End* 2015c, S. 202), indem der Minderheitengruppe pauschalisiert soziale, zumeist archaische Eigenschaften[20] zugeschrieben werden. Besonders deutlich wird dieser Diskurs an der durch *End* durchgeführten Analyse der am 20.02.2013 ausgestrahlten Ausgabe des *ZDF-Morgenmagazins* unter dem Titel „Armutszuwanderung" (vgl. *End* 2015c, S. 207 ff.). Im Laufe der Sendung, welche exemplarisch für die beachtliche Menge antiziganistischer Berichterstattung steht, wird aufgrund von falsch interpretiertem, statistischem Material die Zuwanderung aus Bulgarien und Rumänien pauschal als Armutszuwanderung kategorisiert. Weiterhin werden nicht nur die Nationalitäten Bulgarisch und Rumänisch mit der ethnischen Zugehörigkeit Roma gleichgesetzt, sondern auch die Begriffe „Armutszuwanderer" und „Roma" gleichgesetzt. Darüber hinaus findet laut *End* in der Sendung keine ausreichende Differenzierung zwischen Sinti und Roma statt, was den allgemeinen medialen Diskurs dominant kennzeichnet (vgl. *ebd.*).

Wenn im Kontext von Zuwanderung aus Bulgarien und Rumänien auch von Sinti gesprochen wird, können die Aussagen in diesem Zusammenhang als hinfällig bewertet werden. So repräsentieren die Sinti zwar in Deutschland und anderen

---

[18] Markus End ist Diplom Politologe, unter anderem seit 2014 Beisitzer im Vorstand der *Gesellschaft für Antiziganismusforschung* und Autor des „Dissertationsprojektes zur Struktur und Funktionsweise des modernen Antiziganismus".

[19] Laut Markus End kann, obwohl historisch und gegenwärtig zumeist Romanes sprechende Gruppen mit der Bezeichnung „Zigeuner" stigmatisiert werden, prinzipiell jede Gruppe oder auch Einzelperson wie die soziokulturelle Gruppe der Pavee (Irland/USA) antiziganistisch wahrgenommen werden (vgl. *End* 2015c, S. 202).

[20] Innerhalb der Vorurteile werden Verhaltensweisen unterstellt, welche die zivilisatorischen Prinzipien wie Eigentum, Gesetze und Lohnarbeit missachten (vgl. *End* 2012a, S.34).

mittel- und westeuropäischen Ländern „eine ethnische oder nationale Minderheit [...], nicht jedoch in Bulgarien und Rumänien" (*End* 2015c, S. 211). Diese Gleichsetzung kann sowohl zu projizierten Vorurteilen und Übertragung vermeintlicher Probleme auf deutsche Sinti und Roma als auch zu Spannungen zwischen den autochthonen Sinti und Roma und den allochthonen[21] Minderheiten führen. Ferner werden soziale Verhältnisse ethnisiert und somit eine diffizile Migration von Roma suggeriert, die es als Problem zu lösen gilt. Es werden also institutionell diskriminierende Debatten in die mediale Berichterstattung exportiert. Hierdurch wird das sogenannte „Roma-Problem" konstruiert und unter einer Debatte über soziale Verhältnisse als Ursache ebendieser instrumentalisiert. In der exemplarisch gewählten Beschreibung der strukturellen Diskriminierung finden sich sowohl Elemente individueller Diskriminierung – das Aufrechterhalten von Vorurteilen – als auch Elemente institu-tioneller Diskriminierung, nämlich das Einbinden von politisch instrumentalisierten Diskursen über diese Minderheit. Auch *Alexandra Graevskaia* ordnet die Diskurse über Sinti und Roma in den Medien der strukturellen Diskriminierung zu (vgl. *Graevskaia* 2014, S. 18 ff.). Durch die mediale Berichterstattung, sei es in Printmedien oder im TV, werden folglich bereits vorhandene Stereotypen in der Mehrheitsbevölkerung genährt oder neu gesät und individuelle Diskriminierung gefördert. Somit kann ein Kreislauf von strukturell eingebundenen Diskriminierungen entstehen.

4 Die Wirkungszusammenhänge der antiziganistischen Vorurteilsstruktur

Wie bereits in Kapitel 3 herausgearbeitet wurde, sind antiziganistische Diskriminierungshaltungen und -handlungen zentral gekennzeichnet durch Vorurteile, die sich im historischen Verlauf in unserer Gesellschaft verankert haben. Gegenwärtig lässt sich eine tief verwurzelte mehrdimensionale antiziganistische Vorurteilsstruktur ausmachen, die in den folgenden Unterkapiteln näher betrachtet werden soll. Es ist essentiell, zunächst einen erklärenden Blick auf die allgemeinen Wirkungs- und

[21] Autochthone Romgruppen bezeichnet hier die eingesessenen Sinti und Roma und allochthone Romgruppen die zuwandernden Minderheiten.

Grundmechanismen von Vorurteilen zu werfen, um diese dann in die Wirkungsweise des Antiziganismus einzuordnen. Als zentrales Element des Antiziganismus wird dahingehend die Vorurteilszuschreibung in Form von Stereotypen betrachtet. Daran anknüpfend wird die Frage nach Sinnhaftigkeit und Funktionen des Antiziganismus für die Mehrheitsbevölkerung gestellt und anschließend anhand der theoretischen Untersuchung der antiziganistischen Vorurteilsstrukturen ein Zwischenfazit gezogen.

4.1 Grundmechanismen von Vorurteilen

Vorurteile und Ressentiments begegnen uns im täglichen Leben nicht nur im Kontext des Antiziganismus, sondern sind fester Bestandteil vieler Begegnungskategorien, in denen Abgrenzungsmechanismen wirken. Der Entstehungsprozess von Vorurteilen lässt sich in einem Drei-Schritt skizzieren (vgl. *End* 2012a mit Verweis auf *Holz* 2001, S. 37 f.).

Zunächst bedarf es der Annahme mindestens zwei homogener Gruppen,[22] die Fremdgruppe und die Eigengruppe. Diese sich gegenüberstehenden sozialen Gruppen werden kategorisiert durch die Zuschreibung eines essentiellen Merkmals, welches als unveränderbar gilt. Dieses Merkmal kann exemplarisch als Kultur, Ethnie oder „Rasse" codiert werden. Im zweiten Schritt des Entstehungsprozesses werden der Fremdgruppe und somit auch implizit der Eigengruppe Eigenschaften zugeschrieben, welche die Konstruktion eines Fremdbildes markieren. So lässt sich in Gegen-überstellung von Romgruppen und Mitgliedern der Mehrheitsgesellschaft aus dem Vorwurf „alle Roma vernachlässigen ihre Kinder" auch immer die Annahme ableiten, dass „alle Mitglieder der Mehrheitsgesellschaft ihre Kinder gut erziehen". Nach *End* gehören die Zuschreibungen der Eigenschaften der Fremdgruppe und die Aussage über die gegensätzlichen Eigenschaften der Eigengruppe stets zusammen (vgl. *End* 2012a S. 28 ff. und *End* 2015c, S. 203). Im dritten Schritt der Vorurteilsentstehung werden nun die zugewiesenen Eigenschaften und somit auch die Merkmale bewertet, wobei mehrheitlich die Eigenschaften der Eigengruppe als wünschenswerter Zustand beschrieben werden, wohingegen in

[22] Im Antiziganismus ist bereits die Zuordnung der stigmatisierten Personen zu einer vermeintlich homogenen Gruppe eine Fremdzuschreibung, da die Rombevölkerung sich nicht als solch homogene Gruppe deklariert.

Anlehnung an den Begriff *inter-group bias*[23] die Eigenschaften der Fremdgruppe im Gegenzug geächtet und als abweichend betrachtet werden (vgl. *Turner/Hewstone* 2012, S. 318). Signifikant in diesem Schritt ist allerdings die Betrachtungsebene der Bewertung. Demnach ist für die Bewertung der Eigenschaften der Fremdgruppe stets zu beachten, welche Eigenschaften für die Eigengruppe in dem Moment der Bewertung der sozialen Norm entsprechen. Der von *Bogdal* dargestellte Diskurs „zwischen Faszination und Verachtung" beschreibt die Romgruppen am Beispiel des zugeschriebenen Merkmals des „Lustprinzips" in Gegenüberstellung zum „Realitätsprinzip" (vgl. *End* 2012a mit Verweis auf *Freud* 1989 [1915]) der Mehrheitsgesellschaft. So ist die Zuschreibung, dass „Zigeuner" nichts weiter benötigen als Luft und Liebe, welche sich nach *Bogdal* in Victor Hugos „Der Glöckner von Notre Dame" wiederfindet (vgl. *Bogdal* 2011a, S. 195) aus mehreren Perspektiven zu betrachten: Während Vertreter der deutschen Romantik in dieser Zuschreibung die sozialromantische Ablehnung einer aufkeimenden Industriegesellschaft erkennen und begrüßen mögen, so kann dieses Bild bei Befürwortern einer Industriegesellschaft auf Ablehnung stoßen.

Der beschriebene Drei-Schritt zur Entstehung von Vorurteilen lässt sich nach *Benz* weiterführend in drei Wirkungszusammenhänge unterscheiden. Wenn Feindbilder aufgebaut und benutzt werden, wirken sowohl „Selbstbestätigung und Ausgrenzung, Schuldzuweisung und Sinnstiftung, [als auch] Angst und Realitätsverweigerung" (*Benz* 1996a, S. 9). Wenn nun der Entstehungsprozess von Vorurteilen anhand des Drei-Schritts transparent gemacht wurde, scheint es notwendig, zu benennen, welche Funktionen Vorurteilen zugeschrieben werden. Ein allgemeiner Ansatz, um diese Funktionen und auch die Ursache für die Entstehung von Vorurteilen zu erläutern findet sich in den Motivationstheorien. Im Speziellen versuchen besonders die sogenannten Theorien der sozialen Identität, der Unsicherheitsreduktion sowie die Theorie der Selbstkategorisierung zu erläutern, wie Vorurteile selbst dann entstehen können wenn diesen, wie in dem Fall von Antiziganismus, keine realen Veranlassungen vorausgegangen sind (vgl. *Turner/Hewstone* 2012, S. 317). So kann eine Ursache von vorurteilsbehafteten Denkstrukturen in der Motivation liegen, das eigene Selbstwertgefühl oder den Gruppenzusammenhalt durch ein positives Wir-

[23] Bias (engl.) = Vorurteil; der *Inter-group-bias-Effekt* enthält nach *Turner* und *Hewstone* die Eigengruppen-Favorisierung und die Fremdgruppen-Abwertung (vgl. *Turner/Hewstone* 2012, S. 319).

Gefühl zu stärken. Durch die Abwertung der Fremdgruppe und der dazugehörigen Selbstzuschreibung von positiven Eigenschaften der Eigengruppe können „die Wir-Gruppen [...] als eine Art Ich-Identität auf sozialer Ebene gewertet werden" (*End* 2012a, S. 29). Die Ursachen und die Funktionen der Vorurteile werden unter 4.2 und im Rahmen der Funktionen des Antiziganismus unter 4.3 näher betrachtet.

4.2 Vorurteile und Stereotype des Antiziganismus

Wie bereits dargestellt wurde, ist eine zentrale Motivationsquelle der diskriminierenden Praktiken und Haltungen im Rahmen des Antiziganismus die stereotype Darstellung im Kontext von Vorurteilen einer als „Zigeuner" stigmatisierten Bevölkerungsgruppe. Diese Stereotype, welche gemäß der Definition ihrer Wortherkunft, als eine Beschreibung eines vermeintlich typischen Sachverhaltes dienen, basieren auf weit verbreiteten Vorurteilen. Laut *End* äußert sich Antiziganismus mehrdimensional und erst wenn Stereotype und Vorurteile in Form von sozialen Interaktionen in historische und politische Rahmenbedingungen eingebettet sind, ist eine hinreichende Bedingung für antiziganistische Praktiken gegeben (vgl. *End* 2012a, S. 32). So werden die in der Mehrheitsbevölkerung tief verwurzelten Vorurteile über „Zigeuner" gleichgesetzt mit Vorurteilen über Romvölker und in diesem Kreislauf in Rahmenbedingungen eingebettet, welche die Vorurteile und das damit verbundene Ressentiment reproduzieren oder gar verstärken. Als grundlegende Betrachtungsregel legen sowohl *End* als auch *Benz* fest, dass die Ursachen von Vorurteilen nicht im verallgemeinerten Verhalten oder Eigenschaften der Stigmatisierten begründet liegen (vgl. *End* 2012a, S. 30 und *Benz* 2014b, S. 207).

Weitergehend ist ein signifikantes Grundmuster jeder tief verwurzelten Vorurteilsstruktur der Mechanismus, welcher der Fremdgruppe Eigenschaften oder Verhalten zuschreibt, die für die Eigengruppe aufgrund von sozialen Wertevorstellungen oder Normen nicht zulässig sind (vgl. *End* 2012a mit Verweis auf *Horkheimer und Adorno* 1989, S.201). Durch diesen Mechanismus kann das Ziel verfolgt werden, allgemeine gesellschaftliche Ereignisse oder Erscheinungsformen als die Ereignisse oder Erscheinungsformen einer fremden Gruppe erscheinen zu lassen und sich somit von diesen, gesellschaftlich meist als negativ empfundenen Ereignissen oder

Erscheinungsformen, zu distanzieren. Exemplarisch wird dies nun anhand von zwei markanten, gängigen, stereotypen, antiziganistischen Vorurteilen – dem „parasitären Verhalten“ und der „Sorglosigkeit“ – dargestellt.
Das Vorurteil Roma hätten einen parasitären Lebensstil findet sich in vielen projizierten Bildern über sie wieder. Jegliche Behauptungen darüber, wie sie ihren Lebensunterhalt bestreiten sind gefärbt von dieser Zuschreibung. So können Betteln, Musizieren auf der Straße, Stehlen, Wahrsagen aber auch Sozialbetrug, welcher immer wieder unter der Codierung der „Armutszuwanderung“ Platz im öffentlichen Diskurs einnimmt, in die Kategorie „parasitäres Verhalten“ einsortiert werden. Der zusammenfassende Sinngehalt dieser Zuschreibung dreht sich stets um den Aspekt, dass Roma keiner anerkannten Form der Arbeit nachgingen (vgl. *End* 2012a, S. 34).
Wie bereits in Kapitel 3.2 beschrieben, lässt sich nachzeichnen, dass im historischen Verlauf etwaige Mechanismen in Form von vermeintlich wissenschaftlichen Beiträgen dazu führten, die Romgruppen „zu einem parasitären und zivilisationsresistenten Pariavolk[24] zu degradieren“ (*Bogdal* 2011a, S. 14).
Diese Mechanismen sind nicht allein aufgrund ihrer stetigen Reproduktion und Aufrechterhaltung in der Gesellschaft verankert. Zum einen beschreibt *End* einen Katalysator in dem Prinzip des „selbstverstärkenden Effektes“, welches besagt, dass sich Ressentiments permanent selbst bestätigen, da Rückkopplungen von der Praxis der Diskriminierung auf die Bilder der Mehrheitsgesellschaft entstehen (vgl. *End* 2012a, S. 29). So bestätigt sich auf den ersten Blick das Vorurteil im Hinblick auf die Einstellung zur Arbeit durch die Diskriminierung im Zugang zum Arbeitsmarkt; die Konsequenz, dass exkludierte Menschen dazu gezwungen sind, ihren Lebensunterhalt auf andere, zum Teil nicht gesellschaftlich anerkannte Weise, zu bestreiten folgt also aus der Exklusion selbst.
Zum anderen ist der Inhalt der Vorurteile, welcher in diesem Beispiel das „Schmarotzertum“ beschreibt, so wirkungsvoll, da dieses angesichts der gesellschaftlichen Faktoren einer Risikogesellschaft (vgl. *Beck* 1986), stetigen Wandels, der Pluralisierung und immer höheren sozioökonomischen Anforderungen den Gegensatz zu dem bildet, was die Gesellschaft der Mehrheitsbevölkerung abverlangt. Somit kann die antiziganistische Botschaft gefolgert werden, „dass sie [die Roma]

[24] Die Bezeichnung „Paria“ beschreibt eine unterprivilegierte, von der Gesellschaft ausgestoßene Person.

deshalb als fremdes Kollektiv, das aus schlechten Charakteren besteht, gefährlich sind für das eigene, das autochthone Kollektiv von gutartigen Einheimischen" (*Benz* 2014b, S. 210). Die Roma stellen an dieser Stelle also durch das ihnen zugeschriebene, stereotype Verhalten eine vermeintliche Bedrohung der eigenen Werte und Normen dar. Gleichzeitig markiert ihr Verhalten [hier: zugeschriebenes „Schmarotzertum"] einen der Mehrheitsbevölkerung implizit durch Werte und Moral untersagten Verstoß gegen die Normkonformität. Auch an dieser Stelle ist die bereits von *Bogdal* beschriebene Dichotomie aus Faszination und Verachtung erkennbar (vgl. *Bogdal* 2015b, S. 88).

Noch signifikanter lässt sich diese Dichotomie anhand des Stereotyps der „Sorglosigkeit" und des damit verbundenen Vorurteils der „Disziplinlosigkeit" aufzeigen. Während den Romgruppen nachgesagt wird, sie seien nur auf die direkte Befriedigung von Bedürfnissen aus, werden in Anlehnung an die Gegenüberstellung des „Lustprinzips" und des „Realitätsprinzips" (vgl. Kapitel 4.1) der deutschen Mehrheits-gesellschaft gegensätzliche Attribute wie Sparsamkeit, Disziplin und Vorsorge zugeschrieben. An dieser Stelle lassen sich nicht nur die bereits aufgeführten Mechanismen der zugeschriebenen, für die Majorität verbotenen Eigenschaften und der Darstellung allgemeiner sozialer Missstände als ein fremdgruppenspezifisches Problem, sondern auch die Verallgemeinerung sozialer Missstände als Brücke zum Vorurteil sowie die „radikale Reinigung des Selbstbildes von dem, was es vermeintlich bedroht" (*Bogdal* 2011a, S. 14) erkennen. Romgruppen wird nachgesagt, sie könnten nicht sparen und würden sich undiszipliniert und antibürgerlich verhalten.

Der sogenannte „Tsiganologe"[25] *Hermann Arnold* konstatierte, dass es dem „Zigeuner" an Strebsamkeit und echtem Ehrgeiz fehlen würde (vgl. *Arnold* 1965, S. 254). Exemplarisch für vermeintlich wissenschaftliche Befunde verankerten sich solche Aussagen in der Mehrheitsgesellschaft und werden von dieser unreflektiert als Haltung übernommen und – ungeachtet des Prinzips des bereits beschriebenen Effekts der Selbstverstärkung von Vorurteilen – für Realität befunden.

Durchleuchtet man anhand des Vorurteils der „Disziplinlosigkeit" den Effekt der Selbstverstärkung, fällt die von *Mappes-Niediek* beschriebene „Ökonomie der

[25] Die „Tsiganologie" oder auch „Zigeunerkunde" beschäftigt sich in umstrittener Form sowohl mit der Herkunft, Kultur als auch mit der Geschichte soziokultureller Gruppen, die als „Zigeuner" bezeichnet werden.

Armut“ (*Mappes-Niediek* 2014, S. 34) ins Gewicht. So werden Verhaltensweisen, welche auf das unmittelbare Stillen von Bedürfnissen ausgelegt sind, die in ihrer Erscheinung gemäß des Habitus der Notwendigkeit im Funktionalitätsprinzip (vgl. *Bourdieu* 1987, S. 585) bezeichnend für ein Aufwachsen in Knappheitsverhältnissen sind, als gruppenspezifisches Verhalten ethnisiert und abgewertet.

4.3 Funktionen des Antiziganismus

Nachdem in Kapitel 4.1 skizziert wurde, welche Funktion die Bildung von Vorurteilen haben kann, werden diese Ergebnisse – als zentraler Bestandteil von diskriminierenden Handlungen gegenüber Sinti und Roma – nun in einen gesamtgesellschaftlichen Rahmen gestellt, um so ein deutlicheres Bild der Funktionen antiziganistischer Haltungen und Praktiken zu erhalten.
Jenseits der herausgearbeiteten Vorurteils- und Stereotypfunktion von Stärkung der eigenen Gruppenidentität und des damit verbundenen eigenen Selbstwertgefühls durch Abwertung der Fremdgruppe, haben Sinti und Roma in der Gesellschaft eine wichtige Funktion. Durch die Zuschreibung von negativen Eigenschaften, die gegensätzlich zu den eigens deklarierten erstrebenswerten Werten und Normen der Mehrheits-gesellschaft stehen, kann somit ein negatives Fremdbild deklariert werden. Dieses Fremdbild bietet folglich eine Projektionsfläche und eine vermeintliche Erklärung für allgemeine soziale Missstände wie Armut oder Kriminalität, mit denen sich die Mehrheitsgesellschaft nicht identifizieren möchte, denn bei gebotenem Anlass können sich Vorurteile und Stereotype zu einem geschlossenen Feindbild verdichten (vgl. *Benz* 1996a, S. 11).
Jenseits dieser psychosozialen Erklärung ist das komplexe Phänomen des Antiziganismus stets mehrdimensional zu betrachten. So kann auf dem Feindbild-Mechanismus aufbauend das Feindbild der „Zigeuner“ und gegenwärtig sogar das Feindbild „Sinti und Roma“ instrumentalisiert werden, um auf der individuellen Ebene eine Abgrenzung zum Thema zu schaffen, welche die Gleichgültigkeit und vermeintliche Rechtfertigung des Umgangs mit der Thematik legitimiert. Auf der Ebene der öffentlichen Infrastruktur kann dieses Feindbild die Besserversorgung der Majorität legitimieren. *Wolfgang Aschauer* hat diese Schlussfolgerung am Beispiel

des Bildungssystems in Ungarn[26] erläutert, denn indem Roma als kulturell unfähig für den Erwerb einer höheren Bildung deklariert würden, „kann damit die Verschiebung entsprechender Finanzmittel gerechtfertigt werden“ (*Aschauer* 2015, S. 127). Übertragen auf die deutsche Gesellschaft lässt sich diese Erklärung exemplarisch sowohl auf die Debatte um die „Armutsmigration“ als auch auf die damit verbundene Kriminalisierung der Roma, denn „ aus Verlust- und Bedrohungsängsten resultieren Aggressionen, die in politischen, sozialen und ökonomischen Extremsituationen den besten Nährboden finden“ (*Benz* 1996a, S. 17). Sobald der Minderheitengruppe kategorisch die Fähigkeit zur Integration abgesprochen wird, ist eine finanzielle Förderung ebendieser nicht mehr legitim und so können die Finanzmittel in andere Bereiche, die im Interesse der Mehrheitsbevölkerung liegen, investiert werden.

Kumuliert in diesen Handlungsschritten findet sich stets das Prinzip der irrationalen Angst der Majorität wieder, auf Kosten anderer zurückgesetzt zu werden. Der Sozialwissenschaftler *Wolf Wagner* beobachtete dieses soziale Phänomen bereits und verwies auf die besondere Methodik der Angst, denn sie sei Katalysator und bestärkendes Element zum Wegschauen und Verdrängen (vgl. *Wagner* 1991, S. 9).

Um sich bei Bedarf in Zeiten von sozioökonomischer „Notwendigkeit“ an dem Feindbild „Roma“ zu bedienen, liefert das Feindbild „Zigeuner“, welches in diesem Zusammenhang undifferenzierte und unreflektierte Anwendung findet, eine traditionell marginalisierte Gruppe und somit eine anknüpfungsfähige Projektionsfläche als Sündenbock der Mehrheitsgesellschaft.

Betrachtet man Gesellschaft nach *Luhmann* mit systemtheoretischen Blick (vgl. *Luhmann* 1987), kommt den Romvölkern in diesem System eine wichtige Rolle als Funktionsträger zu. In der Betrachtungsebene des Antiziganismus, in der stets durch Zuschreibung des ethischen Merkmals auch eine soziale Verhaltenszuschreibung vorgesehen ist, bedingen sich diese gegenseitig. So wird also im Wechsel zwischen einer ethnischen und sozialen Definition des „Zigeuner“-Seins auch das Weltbild des antiziganistisch-Denkenden bestimmt, denn „‘bettelnde Deutsche‘ und ‘fleißig arbeitende Zigeuner‘ sind in diesem Weltbild ausgeschlossen“ (*End* 2014b, S. 9).

[26] Es konnte hier lediglich das Beispiel Ungarn ermittelt werden, was auf das deutsche allgemeine Forschungsdesiderat des Antiziganismus hinweist.

Demnach sind die Romvölker in ihrer traditionell marginalisierten Rolle ein Garant der sozialen Normen und Werte der Mehrheitsbevölkerung.
Im Rahmen des Antiziganismus können durch die Diskriminierung der Minorität somit vier Funktionen des Antiziganismus herausgestellt werden. Durch Antiziganismen wird zum einen eine Personifizierung gesellschaftlicher Probleme geschaffen, durch die die Minderheit dann als Sündenböcke einen blinden Fleck der Gesellschaft darstellt. Darauf aufbauend wird durch die Herabsetzung der Minderheit eine Besserversorgung der Mehrheitsgesellschaft legitimiert und gewährleistet. Allumfassend kann als vierte Funktion dann durch die Herabsetzung der Minorität die diametrale Besserstellung der Majorität im Hinblick auf soziale Normen und Werte legitimiert werden.

4.4 Zwischenfazit

Die vorstehenden Kapitel geben Aufschluss über die Mechanismen, die hinter den diskriminierenden Haltungen und Praktiken gegenüber Sinti und Roma in Deutschland stehen. So lässt sich betonen, dass ein wichtiges Merkmal in der antiziganistischen Struktur die Nutzung stereotyper Bilder ist, welche sich wiederum auf Vorurteile stützen. Dieses unreflektierte Zurückgreifen auf tief verankerte oder (re-)produzierte Vorurteilsstrukturen wird in Momenten des sozioökonomischen Bedarfs sowohl von individuellen, institutionellen wie auch strukturellen Rahmenbedingungen gefördert, denn „wenn die Verhältnisse im eigenen Land dem nationalistischen Ideal nicht entsprechen, muss es an einer Minderheit liegen“ (*Mappes-Niediek* 2014, S. 192).
Als Kern der antiziganistischen Denkweise kann somit sowohl die Vorurteilsstruktur, das Unwissen über die Minderheit als auch die Unwissenheit über Antiziganismus – als Kernsymptomatik des Antiziganismus selbst – angesehen werden. Anhand der Ergebnisse aus Kapitel 4.3 lässt sich den diskriminierenden Handlungen und schlussfolgernd auch den Romgruppen selbst eine signifikante Rolle in dem System Gesellschaft nachweisen. Die „Kategorie Roma“ fungiert demnach als Platzhalter für soziale Problemlagen, indem unliebsame Thematiken wie exemplarisch die allgemeine Armut, die Bildungsmisere oder auch die Integrationsdebatte durch die Codierung „Roma“ verschleiert werden. Demnach werden die Roma als

stellvertretendes Problem anstelle der darunter liegenden sozioökonomischen Problemlagen bezeichnet. Ferner scheint es nicht abwegig in dem von der Gesellschaft konstruierten „Roma-Problem" ein Brennglas gesellschaftlicher Schieflagen zu sehen. In diesem Konstrukt bieten Roma in zynischer Weise eine willkommene – da ja auch traditionelle – Projektionsfläche für essentielle gesellschaftliche Missstände, „denn sie verkörpern [sic!] gerade die Rückständigkeit, die man im eigenen Land so verachtet" (*Mappes-Niediek* 2014, S. 192).

Wenn auch kein unmittelbarer Zusammenhang besteht, bedingen sich Vorurteile und Diskriminierung gegenseitig, woraus ein Kreislauf aus Unterstellungen entsteht, welcher dazu führt, dass Romgruppen diskriminiert werden. Die Folge der Diskriminierung ist jene, dass Romgruppen aufgrund der Rahmenbedingungen gezwungen sind, das Vorurteil gemäß dem selbstverstärkenden Effekt (vgl. *End* 2012a, S. 29) vermeintlich zu bestätigen. Zwar bietet der Deckmantel des „Roma-Problems" nicht genügend Raum um eine Erklärung für alle gesellschaftlichen Missstände zu liefern, dennoch werden sie dort, wo die Rombevölkerung im Wesentlichen von sozialen Problemen betroffen ist, im öffentlichen Diskurs zur Ursache dieses Problems deklariert (vgl. *Mappes-Niediek* 2014, S. 195). Gemäß der „Studie zur Bevölkerungseinstellung gegenüber Sinti und Roma" (vgl. IntQ 11: *Antidiskriminierungsstelle des Bundes* 2014) ist ferner nachweisbar, dass diese Einstellung geprägt ist von Gleichgültigkeit und Ablehnung, ungeachtet dessen, dass die Geschichte dieser Gruppen seit 600 Jahren auch Teil der deutschen Geschichte ist. Anhand der Ausführungen in Kapitel 3.1 lässt sich ableiten, dass die Anerkennung der Sinti und Roma, ein Teil deutscher Geschichte zu sein, noch immer ein Desiderat an die deutsche Gesellschaft ist und kann somit als Postulat an eben diese gelten. Die Anerkennung als einen Teil der deutschen Gesellschaft wahrgenommen zu werden, „ist eine Grundvoraussetzung, um die Ablehnung und Diskriminierung von Sinti und Roma als das wahrzunehmen, was sie ist: ein Angriff auf die im Grundgesetz verankerten Werte der Gleichheit und der Menschenwürde" (IntQ 11: *Anti-diskriminierungsstelle des Bundes* 2014, S. 15).

Wenngleich das Auferlegen von europäischen Rahmenübereinkommen, das AGG und die Anerkennung des Minderheitenstatus wichtige Wegbereiter darstellen und als institutionell hemmende Faktoren für die Diskriminierung gelten können, findet Diskriminierung statt. Die gesellschaftlichen Hebel für vorurteilsbehaftetes

Verhalten sind tief verankert und finden sich, wie bereits in Kapitel 3 dargestellt, nicht nur auf individueller, sondern auch auf der institutionellen und strukturellen Ebene wieder. So werden die hemmenden institutionellen Rahmenbedingungen an ihre Grenzen geführt, wenn die Mehrheitsgesellschaft sich ihrer diskriminierenden Haltungen und Handlungen nicht bewusst ist und die stigmatisierten Personen sich aus Angst vor weiterer Diskriminierung nicht zur Minderheit bekennen (vgl. *Aschauer* 2015, S. 118). Der Ausspruch der Zugehörigkeit zur Minorität ist unerlässlich, um gesetzliche Ansprüche geltend zu machen; gemäß dem Rahmenübereinkommens zum Schutz nationaler Minderheiten Abschnitt 1, Artikel 3 steht es jedoch jedem frei, sich zur ethnischen Gruppe zu bekennen (vgl. IntQ 16: *Europarat* 1995).

Die antiziganistische Haltung der Mehrheitsbevölkerung und somit auch die diskriminierenden Handlungen gegenüber Sinti und Roma sind also ein komplexes und mehrdimensionales soziales Phänomen. In seiner Wirkungsweise flankiert es sowohl tiefenpsychologische Mechanismen auf der Seite des antiziganistisch Denkenden und Handelnden als auch soziologisch zu durchleuchtende gesamtgesellschaftliche Prozesse. Die Diskriminierungen sind mehrdimensional, wie in Kapitel 3 exemplarisch aufgeführt, auf mehreren Ebenen verwoben und führen die Betroffenen in soziale Problemlagen.

Somit lässt sich die Schlussfolgerung ziehen, dass obwohl institutionell hemmende Faktoren für die Diskriminierungen eingeleitet worden sind und diese immer wieder zur Debatte stehen, selbst diese vermeintlichen Lösungsansätze antiziganistisch gefärbt sind. Besonders deutlich wird dies nach *André Lohse* in dem Bericht des Bundesministeriums über „nationale Strategien zu Integration der Roma bis 2020“ (vgl. IntQ 6: *Bundesministerium des Innern* 2011) in dem zwar eingangs festgehalten wird, dass ein Kausalzusammenhang zwischen der gegenwärtigen Situation der Roma und dem Antiziganismus besteht; die Lösungsvorschläge zielen jedoch auf Programmatiken wie „Fördern und Fordern“[27] ab (vgl. IntQ 6: *Bundesministerium des Innern* 2011, S. 20) und schreiben somit den Ursprung des Antiziganismus wieder dem vermeintlichen Verhalten der Rombevölkerung zu, welches es laut des

[27] Auch die Implementierung der Hartz IV Reformen wurden im Zusammenhang des Dogmas „Fördern und Fordern“ zunächst kritisiert (vgl. *Nodes* 2015/2016, S.50f.). Die Kritik an dieser Programmatik im Kontext des Antiziganismus sieht sich allerdings im klaren Gegensatz zu der Kritik des „Fördern und Fordern“ im Rahmen des SGBII, da im Antiziganismus Ethnizität den stigmatisierenden und damit diskriminierenden Indikator darstellt.

Bundes-ministeriums im Rahmen von defizitorientierten Programmen, gesondert zu fördern gilt. Obgleich dieser Bericht eine Strategie entwickeln möchte, um die Diskriminierungen aufzudecken, zu unterbinden und als Ursache den Antiziganismus heranzieht, bedient er sich in seiner Lösungsstrategie somit dennoch den gegenwärtigen Mustern des Antiziganismus selbst (vgl. *Lohse* 2016 S. 197).

Wird vorausgesetzt, dass in dem Spannungsfeld der Deklaration eines Hilfebedarfs einer bestimmten Personengruppe und der Diskriminierung ebendieser, die Grenze zur Diskriminierung überschritten wird, sobald der Hilfebedarf anhand der Ethnizität festgesetzt wird, ist evident, dass das Bundesministerium bei der Entwicklung der Lösungsstrategien Opfer ihrer eigenen antiziganistischen blinden Flecke geworden ist.

Anhand dieser Ausführungen scheint es offenkundig, dass die antiziganistische Denkweise, welche die Mehrheitsbevölkerung bestimmt, das gesamte System Gesellschaft[28] und somit auch mehrheitlich die ausführenden Organe des Staates definiert. Zu klären ist daher inwiefern, Sozialpolitik als ausführendes Instrument der Gesellschaft und Soziale Arbeit als Akteur in diesem Kontext, das Mandat ausüben können die antiziganistischen Muster der Gesellschaft aufzubrechen, wenn selbst ihre Rahmenbedingungen durch ebendiese eingefärbt sind und nach *Lohse* das Ressentiment selbst institutionalisiert wird (vgl. *Lohse* 2016, S. 195 f.).

5 Die Relevanz des Antiziganismus für die Soziale Arbeit

Die Diskriminierungserfahrungen als Erscheinungsformen des Antiziganismus, welche Angehörige der Minderheit in Deutschland erfahren, lassen sich als eine spezielle Kategorie des Rassismus beschreiben. Im Antiziganismus, wie auch in anderen Formen des Rassismus, werden einer kulturalistisch und rassistisch hergestellten Gruppe von Menschen im xenophoben Kontext bestimmte, als feststehend geltende Eigenschaften zugeschrieben und sind mit den Vorstellungen von nationaler Zugehörigkeit verwoben (vgl. *Melter* 2015, S. 9). Wie bereits in Kapitel 4.3 herausgearbeitet wurde, liegt dem Antiziganismus jedoch in seiner Erscheinung

[28] In dieser Arbeit wird nach *Luhmann* Gesellschaft als System verstanden (vgl. *Luhmann* 1987).

eine besondere Intensität und soziale Funktion zu Grunde. Das rassistische Kernmerkmal der „Entmenschlichung“ (IntQ 19: *Amari Jag: Arbeitsdefinition: Antiziganismus*) und die Reduzierung auf ein vermeintliches „Zigeuner-Sein“ basieren in der Rassismus-form des Antiziganismus auf Mythen, die als stereotype Zuschreibungen in der Mehrheitsgesellschaft verankert sind und als Wahrheiten angenommen werden. Diese Stereotype und Vorurteile gelten somit als mehrheitliche Grundannahme und werden als solche überwiegend weder erkannt noch hinterfragt. An dieser Stelle kann dem Antiziganismus eine besonders schwere Form des Rassismus attestiert werden, denn durch das unbewusst antiziganistische Handeln der Mehrheitsbevölkerung, wird die Beweislast an dieser Stelle umgedreht und Betroffene müssen erst darüber aufklären, dass es diese Diskriminierungsform tatsächlich gibt.

Soziale Arbeit hat im Kontext des Antiziganismus eine besondere Funktion, denn die Grundlagen der Profession sieht der *Deutsche Berufsverband für Soziale Arbeit e.V.* im ethischen Handeln und formuliert diese wie folgt:

> „Die Profession Soziale Arbeit fördert sozialen Wandel, Problemlösungen in menschlichen Beziehungen und die Stärkung und Befreiung von Menschen, um das Wohlergehen zu stärken. Gestützt auf Theorien über menschliches Verhalten und soziale Systeme greift Sozialarbeit an den Stellen ein, wo Menschen mit ihrer Umwelt in Wechselwirkung stehen. Die Grundlagen von Menschenrechten sozialer Gerechtigkeit sind für die Soziale Arbeit wesentlich” (IntQ 17: *DBSH*).

Durch diese Grundrichtung professionellen Handelns in der Sozialen Arbeit, die sich auf die Kernelemente der Menschenwürde, der Menschenrechte und der sozialen Gerechtigkeit stützt wird ersichtlich, dass den Romvölkern in der Ausrichtung Sozialer Arbeit eine besondere Aufmerksamkeit zuteilwerden muss.[29] Nicht nur sieht sich Soziale Arbeit demnach verpflichtet praxisorientierte Hilfe bei Problemlagen zu bieten und somit das Wohlergehen eines jeden Individuums hinsichtlich seiner Integrität zu wahren; vielmehr bietet Soziale Arbeit eine Agitationsfläche, um durch Prävention diesen Prozessen entgegenzuwirken. Soziale Arbeit übernimmt nicht nur die Verantwortung im Rahmen einer Anwaltschaft die Rechte und Integrität einer jeden Person zu verteidigen, sondern in einem gesamtgesellschaftlichen Rahmen soziale Gerechtigkeit zu fördern (vgl. IntQ 17: *DBSH*). Um diese Maxime

[29] Grundlage dieser ethischen Ausrichtung lieferte der Beschluss der Generalversammlung der International Federation of Social Workers (IFSW) und der International Association of Schools of Social Work (IASSW) im Oktober 2004.

durchzusetzen, operiert Soziale Arbeit innerhalb ihrer Profession mehrdimensional und diesbezüglich ist es unumgänglich diese Ebenen näher zu durchleuchten.
Der Professionsbegriff Soziale Arbeit beschreibt „das gesamte fachlich ausbuchstabierte Handlungssystem, also die berufliche Wirklichkeit eines Faches" (*Thole* 2010, S. 21). Soziale Arbeit ist innerhalb ihres Fachs sowohl auf den Wirkungsebenen der Praxis, Theorie, Forschung als auch der Ausbildung anzufinden. Der Disziplinbegriff beschreibt in diesem Zusammenhang das Feld der wissen-schaftlichen Theoriebildung und Forschung. Die Disziplin und Profession der Sozialen Arbeit bedingen sich somit gegenseitig, denn erst durch wissenschaftlich fundierte Erkenntnisse lassen sich Strukturen und Handeln der Sozialen Arbeit als Experten-praxis mit dem Ziel der Wirksamkeit begründen. Die Praxis der Sozialen Arbeit kann wiederum Wissen generieren, welches dann abermals Anknüpfungspunkte für die Disziplin herstellen kann (vgl. *Thole* 2010, S. 21). Somit sind an dieser Stelle sowohl die Profession als auch die Disziplin Sozialer Arbeit ineinander verzahnt und stellen die Grundpfeiler der Sozialen Arbeit dar. Wenn man nun Soziale Arbeit als ein Feld begreift, welches sich innerhalb seiner theoretischen Architektur im Kern auf das institutionelle Angebot zwischen dem gesellschaftlichen Gesamtsubjekt und den einzelnen Adressaten Sozialer Arbeit gemäß dem Doppelmandat[30] im Hinblick auf die Hilfestellung bei sozialen Problemen konstituiert, wird deutlich, dass Sozialer Arbeit in besonders differenzierter Form ein Auftrag im Kontext des Antiziganismus angezeigt wird, denn die sozioökonomischen Erscheinungen wie Armut, Selbst-marginalisierung und Segregation können subsumierend als Resultat der Diskriminierungen des Antiziganismus angesehen werden. Diese Ergebnisse werden der Minorität jedoch gemäß dem selbstverstärkenden Effekt (vgl. Kapitel 4.2) immer wieder zu Lasten gelegt. Somit entsteht ein komplex ineinander verwobener Kreislauf des Antiziganismus, welcher Anhand der folgenden Grafik dargestellt werden soll:

[30] Das berufliche Doppelmandat Sozialer Arbeit beschreibt die Hilfe für den Klienten und den Auftrag der gesellschaftlichen Instanzen (vgl. *Staub-Bernasconi* 2007b, S. 198 ff.).

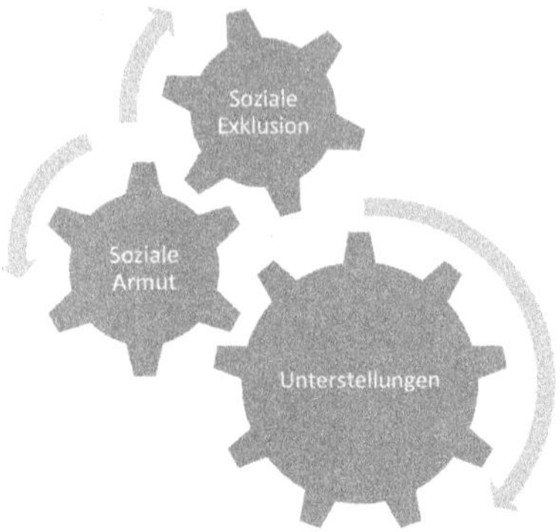

Quelle: Eigene Darstellung

Durch die Diskriminierungserfahrungen haben Romgruppen ein hohes Risiko in Marginalisationsprozesse einzutreten und somit in den Kreislauf der Sozialen Exklusion[31] zu geraten. Diese sich selbst verstärkende Dynamik des Antiziganismus kann nur durchbrochen werden, indem durch einen systemischen Blick in einem Momentum der Analyse ebendieser, diese Strukturen durchleuchtet werden und insbesondere durch die Soziale Arbeit Sorge getragen wird, diese aufzudecken und abzubauen.

An dieser Stelle ist es unzulänglich, den Gegenstand Sozialer Arbeit in fortlaufenden Gegenstandsdiskussionen auf die Kategorie „Soziale Probleme" zu begrenzen. Diese Kategorie markiert zwar den Ausgangspunkt einer Grundlagendisziplin und der Profession Sozialer Arbeit, vielmehr ist jedoch von Bedeutung, wie in diesem Diskurs soziale Probleme definiert und erklärt werden können. Nach *Silvia Staub-Bernasconi*, die mit ihrer theoretischen Ausrichtung Soziale Arbeit als Menschenrechtsprofession deklariert und somit das berufliche Doppelmandat zu einem professionellen Trippelmandat erweitert, ist vielmehr von Bedeutung, welche Werte und Normen einer ethischen Beurteilung sozialer Probleme zu Grunde liegen (vgl. *Staub-Bernasconi* 2010c, S. 271 ff.). In diesem Zuge werden also in der Sozialen Arbeit die Mandate des Staates und des Klienten um das Mandat des ethischen Selbstverständnisses und folglich um die Reflexion der eigenen Fachlichkeit erweitert. Somit muss im Kontext des Antiziganismus nicht nur das

[31] Aufgrund des quantitativen Rahmens kann in dieser Arbeit nicht detaillierter und abschließend auf die einzelnen Exklusionen als Folge der Diskriminierungen eingegangen werden.

soziale Problem der Diskriminierung, welches in sich mehrdimensional ist und unter anderem die Ebenen der Armut, Sozialen Exklusion und Vorurteile enthält, bearbeitet werden.

Legt man das Grundverständnis *Staub-Bernasconis* zu Grunde, wird Soziale Arbeit nicht bloß auf Grundlage der Menschenrechte und Menschenwürde, beauftragt sich der Exklusionspraktiken des Antiziganismus und deren Betroffener anzunehmen, sondern vielmehr durch eine systemische Sicht zu deren Aufklärung und Bearbeitung auf wissenschaftlicher Basis beizutragen.

6 Antiziganismus als Auftrag Sozialer Arbeit

In Anlehnung an das Zwischenfazit in Kapitel 4.4 scheint es unumgänglich, das soziale Phänomen Antiziganismus zu seiner Bearbeitung zunächst in seiner fest verankerten Struktur und Wirkungsweise in der Gesellschaft transparent zu machen. Um dies erreichen zu können, wird in den nachstehenden Kapiteln die Bearbeitbarkeit des Antiziganismus durch die Soziale Arbeit mehrdimensional beleuchtet. Da der Antiziganismus – wie bereits aufgeführt – selbst als ein mehrdimensionales Problem in der Gesellschaft angesehen wird, kann dieses auch nur auf allen involvierten Ebenen und niemals eindimensional bearbeitet werden. Nach *Engelke* zeichnet sich die Profession Soziale Arbeit durch ihr Wirken auf den Ebenen der Wissenschaft, Praxis und der Theorie aus (*Haupt* 2009, S. 94 mit Verweis auf *Engelke* 1999, S10 f.). Diese Ebenen bilden die Grundlage für die Ausführungen in den folgenden Kapiteln, denn Soziale Arbeit muss sich sowohl als reflexive als auch als tätige Antwort auf soziale Probleme dem Antiziganismus widmen. Diese Bereiche der Sozialen Arbeit beziehen sich in eigenständiger Weise auf den Gegenstand Sozialer Arbeit, sind jedoch eng miteinander verwoben (vgl. *ebd.*).

Die im Folgenden aufgezeigten Ausführungen zur Bearbeitbarkeit durch die Soziale Arbeit verstehen sich nicht als abschließende Aufzählung, sondern vielmehr als Wegbereiter für einen erforderten Paradigmenwechsel.

6.1 Gegenstand Sozialer Arbeit im Kontext des Antiziganismus

Die Profession Soziale Arbeit versteht sich laut ihrer Berufsethik unter anderem als Förderer sozialer Gerechtigkeit und greift dort ein, wo Menschen mit ihrer Umwelt in Wechselwirkungen stehen (vgl. IntQ 17: *DBSH*). Gleichzeitig unterliegt Soziale Arbeit im Prinzip des bereits erwähnten doppelten Mandates stets den Erwartungen der Gesellschaft und des Staates, denn „das gesellschaftliche Umfeld und die sich darin widerspiegelnden Machtverhältnisse sind für die Frage, wie, von wem und mit welcher Autorität soziale Probleme definiert werden und in welche Richtung Lösungs-möglichkeiten gesucht werden, von entscheidender Bedeutung" (*Haupt* 2009, S. 95). Somit knüpft die Politik auf Grundlage des gesellschaftlichen Umfelds die Rahmenbedingungen sozialer Praxis. Die Praxis Sozialer Arbeit im Kontext mit Sinti und Roma lässt sich demnach durchaus als ambivalent betrachten, wenn ihre Rahmenbedingungen und Handlungsräume in einen gesamtgesellschaftliches Gefüge und demnach, wie bereits in Kapitel 4.4 herausgestellt, in einen überwiegend[32] antiziganistisch institutionellen Kurs eingebettet sind.

Soziale Arbeit fungiert nach *Lohse* vielmehr als Agentur der Gesellschaft und spiegelt folglich in ihren auferlegten Handlungsrahmen den Geist der Gesellschaft wieder (*Lohse* 2016 S. 194 mit Verweis auf *Fromm* 1999 [1961], S. 351). Dieser auferlegte Geist der Mehrheitsgesellschaft [hier: antiziganistisches Handeln] lässt sich sowohl im historischen Diskurs der Sozialen Arbeit als auch exemplarisch in gegenwärtigen Handlungsrahmen wiederfinden. So sind sozialpolitisch initiierte Integrations-programme für Sinti und Roma, wie bereits genannt, die „nationalen Strategien zur Integration der Roma bis 2020" auf vermeintliche Integrationsmängel der zu Integrierenden, nicht aber auf die Ausgrenzung selbst ausgerichtet.

Zudem werden bei öffentlich geförderten Projekten, wie dem der „Hamburger Arbeitsgemeinschaft SGB II"[33] die Integrationsmaßnahmen an die jeweiligen Zielgruppen unter anderen unter den Codierungen „alleinerziehend", „drogensüchtig", „mit Migrationshintergrund" und schließlich auch „Sinti und

[32] Sprachliche Verwendungen wie *oftmals, mehrheitlich, überwiegend* etc. wurden verwendet, um keine pauschalen gesamtgesellschaftlichen Antiziganismusklagen zu erheben, jedoch soll in dieser Arbeit die antiziganistische Tendenz der Mehrheitsgesellschaft hervorgehoben werden.

[33] Im Rahmen der „Hamburger Arbeitsgemeinschaft SGB II" wurden nach Aussage *Andre Lohses* im Jahre 2009 öffentlich potentielle Träger zur Abgabe eines Projektvorschlages für ein öffentlich gefördertes Projekt zur Schaffung von Arbeitsgelegenheiten auf Grundlage des SGB II aufgerufen (vgl. *Lohse* 2016, S. 198 ff.).

Roma" angepasst. Demnach wird deutlich, dass – entgegen der Aussage des Bundesministeriums bei Integrationsmaßnahmen keine Unterscheidung von Migranten anhand ihrer ethnischen Herkunft zu treffen (vgl. IntQ 6: *Bundesministerium des Innern* 2011, S. 21) – Sinti und Roma dennoch als eine ethnisch gesonderte Zielgruppe mit speziellem Förderbedarf deklariert werden (vgl. *Lohse* 2016, S. 198).

Die Ausrichtung auf den vermuteten speziellen Förderbedarf der Minderheit aufgrund ihrer Ethnizität findet sich auch in sozialpädagogischen Projekten wieder, die auf die Differenz und die Nichtanerkennung eines vermeintlichen Andersseins ausgelegt sind. Exemplarisch nennt *Lohse* die Ausarbeitungen *Julia Prellers*, die unter dem Titel „Sinti und Roma zwischen Ausgrenzung und Integration" eine sozialpädagogische Fundierung eines Praxiskonzeptes formuliert. Auch hier zielt die Empfehlung eines sozialpädagogischen Handlungsrahmens (vgl. *Preller* 2008, S. 49) nicht auf die Strukturen und Entstehungen des antiziganistischen Ressentiments, sondern auf die Scheinkausalität zwischen Verhalten und Vorurteil ab (vgl. *Lohse* 2016, S. 207).

Deutlich wird in diesen Beispielen, dass sowohl auf institutioneller sozialpolitischer Ebene, die der Sozialen Arbeit ihren Handlungsrahmen zuweist, als auch exemplarisch aus den Reihen der Sozialen Arbeit selbst Romgruppen als Gegenstand von Inter-ventionsmaßnahmen betrachtet werden. Wie bereits in Kapitel 4.3 herausgearbeitet wurde, haben Stereotype und Sinngehalte des Antiziganismus nur sehr bedingt etwas mit Sinti und Roma zu tun, sondern müssen in ihrem Ursprung der Majorität zugeordnet werden. Wenn die Soziale Arbeit sich durch ihr doppeltes Mandat aus dem antiziganistisch geprägten Muster zwischen der Hilfe für die Adressaten und dem Auftrag der gesellschaftlichen Instanzen in ein professionelles Handeln gemäß des Trippelmandates (vgl. *Staub-Bernasconi* 2007b, S. 200 f.) erhebt, wird deutlich, dass der Gegenstand Sozialer Arbeit im Kontext von Sinti und Roma niemals die Rombevölkerung selbst, sondern vielmehr die Mehrheitsgesellschaft und die in ihr verwobenen Exklusionspraktiken sein müssen.

Laut *Silvia Staub-Bernasconi* setzt sich die Profession Soziale Arbeit als ein Konglomerat aus wissenschaftlicher Basis, Berufskodex und der darin enthaltenden Menschenrechte zusammen. Soziale Arbeit soll sich in ihren Entscheidungen „unabhängig vom gerade herrschenden Zeitgeist" (*Staub-Bernasconi* 2007b, S. 200)

ihrer ethischen Basis bedienen. Um dem gerecht werden zu können, muss Soziale Arbeit sich von den normativen Vorgaben im Rahmen des Doppelmandates aus den mehrheitsgesellschaftlichen (wenn auch gewiss oftmals unbewussten) antiziganistischen Diskurs lösen und einen Paradigmenwechsel einleiten, indem der Fokus im Kontext von Antiziganismus und Sozialer Arbeit auf die Exklusionsprozesse, also auf den Antiziganismus selbst, und deren Auswirkungen gelegt wird.
Keinesfalls sollen diese Ausführungen dazu dienen, der Sozialen Arbeit allumfassend und pauschal antiziganistische Tendenzen zu unterstellen, jedoch kann in dem Zusammenspiel Sozialer Arbeit, Gesellschaft und Politik eine Empfänglichkeit für ebendiese nicht übersehen werden.[34] Sobald im Kontext Sozialer Arbeit und Antiziganismus die Romgruppen zum Gegenstand Sozialer Arbeit gemacht werden, wird „jenes elementare antiziganistische Ressentiment zum Ausdruck gebracht […], das gleichsam historisch als apriorische Erziehungs- und Bestrafungsidee in Erscheinung tritt“ (*Lohse* 2016, S. 203). An dieser Stelle ist es für die Soziale Arbeit unabdingbar sich auf dem eigenen Professionsstand hinsichtlich dieser Thematik zu überprüfen und zu reflektieren.

6.2 Eine Annäherung von Sozialer Arbeit und Strategien gegen Antiziganismus

Im Folgenden wird der in dem Kontext des Antiziganismus bereits herausgestellte Auftrag der Sozialen Arbeit exemplarisch auf den von *Engelke* beschriebenen Professionsebenen Wissenschaft, Praxis und Theorie (vgl. *Haupt* 2009, S. 94 mit Verweis auf *Engelke* 1999, S10 f.) aufgezeigt. Die folgenden Ausführungen gelten weder als abschließende Lösungsstrategien Sozialer Arbeit im Kontext des Antiziganismus, noch allumfassend die etwaigen Zusammenhänge von Sozialer Arbeit und antiziganistischem Handeln zu adressieren, jedoch sollten sie, wie eingangs erwähnt, als Wegbereiter für einen Paradigmenwechsel Sozialer Arbeit im Hinblick auf Sinti und Roma betrachtet werden. Der Auftrag Sozialer Arbeit wird nachstehend verankert in der Mikro-, Meso-, Makro- und besonders in der Metaebene dargestellt.

---

[34] Auf Anfrage sah der DBSH sich nicht in der Position, hierzu Stellung zu beziehen.

6.2.1 Antiziganismus als Forschungsgegenstand Sozialer Arbeit

Wie bereits erläutert, unterliegt Soziale Arbeit in ihrer Praxis den Machtverhältnissen der Gesellschaft, deren antiziganistische Prägung nicht von der Hand zu weisen ist. Somit ist Soziale Arbeit gefordert, einen reflexiven Umgang ihrer Handlungen **selbst** zu ermöglichen, um sich von etwaiger antiziganistischer Praxis loszulösen. Unter dieser Prämisse muss sich sowohl die Profession als auch die Disziplin Soziale Arbeit ihrer inneren Handlungslogik von einem selbstreflexiven Standpunkt aus bewusst werden, um einen reflektierten Umgang mit den Adressaten zu gewährleisten und nicht unreflektiert Handlungsaufträge auszuführen.
Silvia Staub-Bernasconi bezeichnet Soziale Arbeit als ein Zusammenspiel aus sozialarbeitswissenschaftlicher Theorie und Praxis auf einem prozessual-systemischen Ansatz, welcher der Profession die Bezeichnung der Handlungswissenschaft zukommen lässt (vgl. *Staub-Bernasconi* 2007b und *Haupt* 2009, S. 95). Um sich selbst in dieser Handlungswissenschaft im Rahmen einer reflexiven Profession aus dem theoretisch systemischen Blick zu betrachten, bedarf es jedoch der Ergänzung um die Kritische Soziale Arbeit.[35] Diese Bewegung innerhalb der Profession befähigt ebendiese, Strukturen zu erkennen sowie Herrschaftsbeziehungen und Macht-verhältnisse aufzudecken und zu benennen, indem sie ihr eigenes Handeln und die Verortung ihrer eigenen Handlungsrahmen kritisch und reflexiv hinterfragt (vgl. *Anhorn et al.* 2012, S. 11). Durch die KSA ist eine fundierte und reflexive Gegen-standsbestimmung Sozialer Arbeit möglich, indem etwaige Verstrickungen der Sozialen Arbeit selbst in Strukturen und Exklusionsprozesse und deren Auswirkungen hinterfragt werden. Darauf aufbauend kann in Loslösung von dem gesamt-gesellschaftlichen Diskurs reflektiert der Gegenstand Sozialer Arbeit im Kontext des Antiziganismus von den „Exklusionsprozessen in Bezug auf Sinti und Roma und deren Auswirkungen" hin zum **„Antiziganismus selbst als Gegenstand"** herausgearbeitet werden und somit zum Abbau von antiziganistischen Ungleichheitsstrukturen beigetragen werden. Soziale Arbeit ist an dieser Stelle nicht nur aufgrund ihres ausformulierten dritten Mandates dazu angehalten, sondern auf Grundlage der Erkenntnisse aus der KSA

[35] Die Kritische Soziale Arbeit wird im Folgenden stets mit KSA abgekürzt.

dazu befähigt, den öffentlich geführten Diskurs emanzipiert und reflexiv mitzugestalten.

Der enorme Bedarf eines erneut aufkommenden Fokus auf die Kritik-Perspektive in der Sozialen Arbeit ist zum einen begründet in der „[...] gesellschaftlichen Wirklichkeit, die im Zuge einer neoliberalen Restrukturierung von Gesellschaft – national wie international – sichtbar verschärfte soziale Konfliktverhältnisse vertiefte und verfestigte Ungleichheitsstrukturen und vermehrte Ausschließungserfahrungen hervorgebracht hat“ (*Anhorn et al.* 2012, S.2). Zum anderen wird die KSA legitimiert durch die sozialarbeitsspezifischen Entwicklungen, die aus der Profession Soziale Arbeit sukzessive ein Wirtschaftsunternehmen zu machen scheinen (vgl. *ebd.*, S. 3).

KSA spiegelt sich nicht nur in wissenschaftlichen Diskursen der Sozialen Arbeit wieder, sondern zeigt sich bereits in kritischem Hinterfragen von politischen Beschlüssen und demnach einer Angleichung der sozialarbeiterischen Praxis. Nach *Frank Bettinger* ist die Soziale Arbeit nur dann selbstbestimmt handlungsfähig, wenn sie die Strukturen der gesellschaftlichen Verhältnisse erkennt und sich darüber bewusst wird, dass diese Strukturen lediglich eine vermeintliche soziale Wirklichkeit abbilden (vgl. *Bettinger* 2012, S. 164). Um sich in diesem Zusammenhang nicht den Wissens-beständen fremder Disziplinen unterzuordnen, sondern in einem interdisziplinären Austausch ebendiesen Diskurs und somit auch die Praxis und Lehre der Sozialen Arbeit selbstbestimmt auszugestalten (vgl. *Bettinger* 2012, S. 165), bedarf es wissen-schaftlich fundierter Ergebnisse auf Grundlage der KSA.

Eine konkrete Untersuchungsform und somit Forschungsperspektive im Hinblick auf Antiziganismus bietet im Rahmen der KSA die Diskursanalyse, denn „der Diskurs ist als strukturbildendes Prinzip von Kultur und Gesellschaft zu fassen“ (*Bettinger* 2012, S. 171). Wird der Begriff Diskurs verwendet, zieht dies meist eine Bezugnahme auf *Michel Foucault*[36] als Begründer der Diskursanalyse mit sich. Eine Diskursanalyse bezeichnet in vereinfachter Form – ohne eine vertiefende Bezugnahme zu *Foucault*– die empirische Untersuchung von Diskursen.[37] Da Diskurse also als eine Konstitutionsbedingung des Sozialen bezeichnet werden können, in der stets die Konstruktion von Wissen und Wirklichkeit sowie die Strukturmuster der

---

[36] Paul-Michel Foucault († 1984) war ein französischer Philosoph und Begründer der Diskursanalyse.

[37] Im quantitativen Rahmen dieser Arbeit kann weder auf die detaillierte Anlehnung der Diskursanalyse an *Michel Foucault* noch deren Kritik eingegangen werden. Eine Erwähnung ebendieser muss allerdings erfolgen.

Bedeutungs-produktion (vgl. *Bettinger* 2012, S. 171) eine bedeutende Rolle spielen und als mutabel bezeichnet werden können, bildet diese Untersuchungsform eine wichtige Grundlage im Kontext Sozialer Arbeit und Antiziganismus.
Wenn also die Soziale Arbeit in wissenschaftstheoretischer Ausrichtung sich mittels der Diskursanalyse darüber bewusst wird, dass Diskurse Wissen produzieren und diese wiederum maßgeblich davon bestimmt sind, von welcher Interessenmacht dessen Inhalte gesteuert werden, kann und muss die Profession diese Mechanismen durch empirische Untersuchungen belegen und zum Abbau ebendieser antiziganistischer Wissensbestände beitragen.
Diese Untersuchungsmethode im Rahmen der KSA kann also in erster Linie dazu dienen, den Gegenstand Sozialer Arbeit im Kontext des Antiziganismus reflexiv zu bilden und somit im Sinne des Trippelmandates nach *Silvia Staub-Bernasconi* (vgl. *Staub-Bernasconi* 2007b, S. 200 f.) das eigene ethische Selbstverständnis zu reflektieren. Darauf aufbauend bietet sie eine wissenschaftliche Grundlage, um die geführten Diskurse als Evidenz für antiziganistisches Verhalten geltend zu machen, indem sie aufzeigt wie vermeintliche Wahrheiten durch Diskurse erzeugt werden. Dadurch kann wiederum nicht nur eine antiziganistischkritische Praxis Sozialer Arbeit ermöglicht werden, sondern selbstbestimmt ein interdisziplinärer Diskurs zum Abbau antiziganistischer Tendenzen geführt werden. Demnach wird die Soziale Arbeit dazu befähigt, nicht nur ein ausführender Teil, sondern ein aktiver Teilnehmer in wirklichkeitskonstruierenden Diskursen zu sein.

6.2.2 Antiziganismuskritische Praxis Sozialer Arbeit

Obgleich aus professioneller Sicht, wie bereits in Kapitel 6.1 erläutert, Gegenstand Sozialer Arbeit niemals die Rombevölkerung, sondern vielmehr die Mehrheitsgesellschaft und die in ihr verankerten Exklusionspraktiken des Antiziganismus sein müssen, lässt sich der praktische Handlungsbedarf aufgrund der sozioökonomischen Problemlagen der Sinti und Roma in Deutschland nicht von der Hand weisen, denn „[praktische] Sozialarbeit kann auf politische Veränderungen zum Wohle der KlientIn nicht warten […]“ (*Haupt* 2009, S. 97). Somit werden die Romgruppen, obgleich sie nicht als Gegenstand Sozialer Arbeit angesehen werden können, durch die etwaigen Problemlagen zu Adressaten der Sozialen Arbeit. An dieser Stelle muss allerdings ein Perspektivwechsel erfolgen, indem der praktische Fokus auf die Beseitigung der sozioökonomischen Problemlagen der Sinti und Roma und die Benennung und Beseitigung der Auslöser im Antiziganismus gelegt wird. Die bereits in Kapitel 6.2.1 beschriebene Bewegung der KSA bietet hier Möglichkeiten, um im Austausch von Theorie und Praxis einen reflexiven Zugang zu dem Gegenstand Sozialer Arbeit im Kontext von Sinti und Roma zu schaffen. Nur durch diese Neuausrichtung und den Rückbezug auf den Kern der sozioökonomischen Probleme wie Armut, Wohnraum-mangel und Ghettoisierung als Ergebnis auf der einen Seite, und die sozialisatorischen Faktoren der Diskriminierungen des Antiziganismus auf der auslösenden Seite, kann durch eine Distanzierung von Pseudokausalzusammenhängen aus Ethnie und Problemlagen auch eine Distanzierung von antiziganistischer Handlung ermöglicht werden. Soziale Arbeit muss sich also auch auf der Praxisebene mehrdimensional den Diskriminierungen von Sinti und Roma und somit dem gesellschaftlichen Phänomen des Antiziganismus nähern. Als Anknüpfungspunkte wurden somit die Ebenen der Mehrheitsbevölkerung im Hinblick auf antiziganistische Tendenzen, die Bearbeitung sozioökonomischer Problemlagen der Rombevölkerung und die Arbeit mit dem Klienten [hier: Sinti und Roma] herausgestellt.

Betrachtet man erneut die bereits in Kapitel 3.1 beschriebene „Bevölkerungs-einstellung gegenüber Sinti und Roma" (vgl. IntQ 11: *Antidiskriminierungsstelle des Bundes* 2014), wird anhand der Umfrage ersichtlich, dass romantisierende und tradierte Assoziationen in der Bevölkerung kaum noch präsent sind. Besonders in der jüngsten befragten Altersgruppe überwiegen negative Zuschreibungen wie „kriminelle Handlungen", „fahrendes Volk" oder „Bettelei" (vgl. IntQ 11: *Antidiskriminierungs-stelle des Bundes* 2014, S. 10). Anhand dieser Auswertung wird zum einen deutlich, dass das „Zigeuner-Bild", welches einst sowohl aus romantisierenden als auch abwertenden Zuschreibungen bestand, durch den Wegfall der romantisierenden Zuschreibungen brüchig geworden ist und somit durch eine grundsätzlich vorhandene reflexive Grundhaltung eine Perspektive des Paradigmenwechsels besteht. Darüber hinaus markiert der Verweis auf frühere Generationen innerhalb dieser Studie einen intergenerationellen Fortbestand von antiziganistischen Stereotypen: „An diesem Übergang zwischen familiärem und gesellschaftlichem Lernprozess müssten somit die staatlichen Sozialisationsinstanzen eingreifen und verhindern, dass sich alther-gebrachte Vorurteile noch länger generationsübergreifend fortschreiben" (*ebd.*). Soziale Arbeit kann und muss hier durch präventive Bildungsarbeit einen Anteil zum Abbau von antiziganistischen Tendenzen liefern. Nach *Claus Melter* spiegeln jedoch Soziale Arbeit und Bildung oftmals die Haltung der Mehrheitsgesellschaft wieder, was dazu führen kann, antiziganistisch rassistische Tendenzen vielfach nicht zu thematisieren, in seiner institutionellen Einbettung nicht wahrzunehmen, oder zu naturalisieren (vgl. *Melter* 2015, S. 16). An dieser Stelle bedarf es wiederum der KSA um antiziganistischkritische Bildung in der Sozialen Arbeit nicht nur auf Grundlage der Kritik an dem Antiziganismus, der Weitergabe und Vermittlung einer antiziganistischkritischen Grundhaltung, sondern auch auf der Reflexion des eigenen Involviert-Seins umzusetzen (vgl. *Melter* mit Verweis auf *Messerschmidt* 2014, S. 59).

Als Pionierprojekt aus der Praxis soll an dieser Stelle das „Methodenhandbuch zum Thema Antiziganismus" (vgl. *Alte Feuerwache e.V.* 2012) erwähnt werden, welches für die schulische und außerschulische Bildungsarbeit von der *Jugendbildungsstätte Kaubstrasse*[38] konzipiert wurde. In Zusammenarbeit mit *Hamze Bytyci*, dem Vorsitzenden des Vereins Amaro Drom e.V.,[39] *Patricia Pientka*,[40] dem *Zentralrat Deutscher Sinti und Roma* und dem *Verband Deutscher Sinti und Roma Baden-Württembergs* wurde hier ein Methodenhandbuch nicht über und für, sondern mit Sinti und Roma entwickelt. Nachdem eine ausgiebige Recherche ergab, dass es keinerlei vergleichbares pädagogisches Material zur Thematisierung der Diskriminierung von Sinti und Roma und ihrer Stigmatisierung zu „Zigeunern" gab (vgl. *Atasever* 2012, S. 3), erschien im März 2012 das Methodenhandbuch unter der wissenschaftlichen Begleitung des Politologen *Markus End*. Das angesprochene Handbuch führt in einem theoretischen Teil sowohl in die Geschichte der Sinti und Roma als auch in den Antiziganismus und dessen Grundmechanismen ein (vgl. *Alte Feuerwache e.V.* 2012, S. 15–34) und ermöglicht somit zunächst den Bildungsmultiplikatoren einen reflexiven Zugang zu der Thematik. Der praktische

[38] Die *Jugendbildungsstätte Kaubstrasse*, als ein Teil des Stadtteilzentrums „Alte Feuerwache" in Berlin-Kreuzberg, bietet Angebote der außerschulischen, politischen und kulturellen Jugendbildung (vgl. IntQ 20: *Alte Feuerwache*).

[39] Der Bundesverband Amaro Drom e.V. ist eine Interkulturelle Jugendselbstorganisation von Roma und Nicht-Roma (vgl. IntQ 21: *Amaro Drom e.V.*).

[40] Patricia Pientka ist Fachhistorikerin zur Geschichte der Verfolgung der Sinti und Roma im Nationalsozialismus und Angehörige der Minderheit.

Teil enthält als Kernstück des Methodenbuches sowohl ein konkretes pädagogisches Konzept als auch einen differenziert erarbeiteten Methodenkoffer (vgl. *ebd.*, S. 35–125), um einen praktischen Zugang zu dem komplexen Thema zu schaffen. Die Methoden wurden in einer eineinhalbjährigen Entwicklungs- und Erprobungsphase von einem interdisziplinären und multiprofessionellen Team entwickelt. Das entworfene pädagogische Konzept basiert auf Ansätzen aus der Demokratie- und Konfliktpädagogik, der Menschen-rechts- und interkulturellen Bildung sowie der historisch-politischen Bildung. Das übergeordnete Ziel ist sowohl die Vermittlung von demokratischen Kompetenzen, die Wissensvermittlung zur Geschichte und Kultur der Sinti und Roma als auch die Sensibilisierung gegenüber der im Rahmen des Antiziganismus existierenden Diskriminierungen und somit auch den Abbau von Vorurteilen, die Förderung der Selbstreflexion und das Schärfen eines kritischen Urteilsvermögens (vgl. *Alte Feuerwache e.V.* 2012, S. 35 f.).
Durch diesen Beitrag zum Antiziganismusabbau an der pädagogischen Schnittstelle kann Soziale Arbeit nicht nur ihrem gesellschaftlichen Auftrag der Sozialisationsaufgaben (vgl. *Thole* 2010, S. 27) nachkommen, sondern vielmehr ein eigenverantwortliches Mandat übernehmen, denn „Soziale Arbeit [...] braucht [...] die Identifikation derjenigen individuellen wie kollektiven Akteure und Akteurinnen und Trägerorganisationen, welche [...] die Verantwortung für die Linderung, Veränderung oder Verhinderung von Problemsituationen übernehmen" (*Staub-Bernasconi* 2007b, S. 194). Die besondere Herausforderung liegt für Soziale Arbeit neben der Bearbeitung der Problemlagen aus eigenen Reihen allerdings auch darin, diesen gesellschaftlichen Missstand in der Politik zu verdeutlichen.[41]
Ein Handlungsfeld zur Bearbeitung der sozioökonomischen Problemlagen der Sinti und Roma, welcher einen wichtigen Bestandteil in dem Kreislauf der Diskriminierungen markiert (vgl. Kapitel 5), bieten Ansätze aus den stadtteilbezogenen Methoden[42] als klassische Methode der Sozialen Arbeit (vgl. *Thole* 2010, S. 30 f.). Die Theorie und Praxis der Gemeinwesenarbeit manifestierte die verschärfte Blickweise auf „[...] in sozialen Räumen vorfindbare Erscheinungsformen gesellschaftlicher Ungleichheit [...] gründend auf einem kritischen Konzept von

[41] Aufgrund des quantitativen Rahmens kann in dieser Arbeit weder eine Konzepterstellung noch eine Analyse der politischen Einbindung im Rahmen des Antiziganismus erfolgen.
[42] Aus den Ursprüngen der Gemeinwesenarbeit, welche sich in den 1970er Jahren eher auf außerinstitutionelle Bereiche konzentrierte und somit nur wenig Einfluss und Etablierung hervorrief, entwickelte sich in den 1980er Jahren die Sozialraumorientierung (vgl. *Hinte* 2010, S. 665 ff.).

Gesellschaft [und] Sozialer Arbeit […]“ (*Hinte* 2010, S. 664 f.). Darauf aufbauend wurde das Fachkonzept der Sozialraumorientierung entwickelt, welches wiederum auf dem Ausgangspunkt des Willen und der Interessen der leistungsberechtigten Menschen und deren Aktivierung basiert. Wie bereits in Kapitel 6.1 beschrieben wurde, kann und soll Gegenstand Sozialer Arbeit mit Sinti und Roma niemals die Minderheit sein, was bereits an die Grenzen des Konzepts der Sozialraumorientierung führt, denn Soziale Arbeit soll in diesem Kontext nicht nur den marginalisierten Klienten dazu verhelfen, in ihren prekären Lebensverhältnissen besser zurechtzukommen. Soziale Arbeit muss vielmehr in antiziganistischsensibler- und kritischer Praxis ihren Expertenstatus um das Wissen des Zusammenhangs von sogenannten Elendsvierteln im Zuge der Ghettoisierung und das vermeintliche Bestätigen von Vorurteilsstrukturen im Sinne des Selbstverstärkenden Effektes (vgl. Kapitel 4.2) benutzen und dieses z.B. im Wohnsektor bereits bei der Planung von Wohnsiedlungen innerhalb des Quartiersmanagements in einem emanzipierten Diskurs verdeutlichen. Um nicht nur die Folgen der Exklusionen der Sinti und Roma zu bearbeiten, muss sich Soziale Arbeit aus der Mentalität der nachgeordneten Instanz hervorheben (vgl. *Hinte* 2010, S. 670) und ihre Fachkompetenz für andere Disziplinen insbesondere der Stadtentwicklung verdeutlichen. Eine Vernetzung, Kooperation und Integration der einzelnen betroffenen Sektoren und Dienste sind an dieser Stelle von Bedeutung.

In diesem Zusammenhang ist die Betrachtung der Klientenperspektive der Sozialen Arbeit mit Sinti und Roma, dessen Notwendigkeit – aufgrund der marginalisierten Verhältnisse in die die Minderheit durch die Diskriminierungsprozesse gedrängt wird – nicht verkannt werden soll, unerlässlich. In der Einzelfallbetreuung von Sinti und Roma ist es jedoch von basaler Notwendigkeit, dass Sozialarbeiter über das Hintergrundwissen über Antiziganismus und deren gesellschaftlicher Entstehung und Verankerung, anstelle von vermeintlich „Roma-spezifischem Verhalten“ verfügen. Erst auf dieser Grundlage kann eine kultursensible, aber nicht ethnisierende Soziale Arbeit mit Sinti und Roma stattfinden. Wenn Angehörige der Minorität zum Adressat Sozialer Arbeit werden, ist es notwendig, diesen Klienten im Bewusstsein des Wissens über Antiziganismus und in diesem größeren Zusammenhang zu begegnen, sie in ihrer Klientenrolle jedoch als Individuum mit individuellen Bedürfnissen zu begleiten, um somit keine gruppen- und romaspezifischen

Problemlagen zu konstruieren und den hierarchischen Blick auf eine vermeintliche Fremdgruppe zu vermeiden. Auf diese Art und Weise kann der antiziganistische Effekt richtungsweisend durch die Soziale Arbeit durchbrochen werden.
Besonders unter dem Gesichtspunkt des Antiziganismus sieht *Gernot Haupt*[43] die ausdrückliche Chance der Sozialen Arbeit darin, auf individueller und lokaler Ebene gemeinsam mit den Betroffenen Handlungs- und Entwicklungsmöglichkeiten zu erarbeiten, zu ergreifen, oder diese im Sinne einer Parteilichkeit einzufordern (vgl. *Haupt* 2009, S. 312). Durch diesen Perspektivwechsel kann in Anlehnung an das dritte selbstbestimmte Mandat Sozialer Arbeit (vgl. *Staub-Bernasconi* 2007b, S. 201) ein Fokus auf die Klientenbedürfnisse gelegt werden, um durch diese Sichtweise den Lebensalltag der Minderheit nicht ungewollt zu reproduzieren. Im Zuge dieses Bewusstseins müssen in der Praxis mit Sinti und Roma primär die Wirkungszusammenhänge und Folgen der Antiziganismen wahrgenommen und als solche erkannt werden, um Handlungsalternativen im Kontext der blockierenden Antiziganismen aufzuzeigen. Sozialarbeiter sollten sich in ihrem Praxissystem mit Sinti und Roma im Sinne einer KSA stets reflektieren und somit die eigenen oder auferlegten Handlungsanweisungen unter eine kritische Kontrolle stellen. Konkret umzusetzen ist dies durch die Inanspruchnahme von Supervision, die durch externe Impulse die eigene Sichtweise anregen oder revidieren kann.
Um nachhaltig die antiziganistischen Tendenzen der Gesellschaft abzubauen, muss in diesem Kontext jedoch der Fokus Sozialer Arbeit auf den Entstehungspunkt dieser Tendenzen gelegt werden und diese innerhalb der Profession als Gegenstand sozialer Probleme überliefert werden. Sobald die professionsinterne Sensibilisierung für Antiziganismen gelungen ist, kann darauf aufbauend ein aktives Gegenwirken der Sozialen Arbeit und in Folge dessen eine öffentliche Thematisierung des Antiziganismus durch und mit Sozialer Arbeit stattfinden.

[43] *Mag. Dr. Gernot Haupt, MAS* ist Lehrer und Vorsitzender des Instituts für Sozialarbeit in Österreich (vgl. IntQ 26: *Institut für Sozialarbeit*); zudem ist er unter anderem Autor des Werks „Antiziganismus und Sozialarbeit“ (vgl. *Haupt* 2009).

6.2.3 Antiziganismus als Thema in der Qualifizierung Sozialer Arbeit

Wie die bisherigen Ausführungen zeigen, bestehen mehrdimensionale Berührungspunkte zwischen Antiziganismus und Sozialer Arbeit, dennoch ist das Thema Antiziganismus in der Sozialen Arbeit bis dato kaum erschlossen worden. Legt man die strukturellen Grundpfeiler der Sozialen Arbeit (vgl. Kapitel 5 und *Thole* 2010, S. 21) zugrunde, so lassen sich innerhalb des Sozialwesens auf dem Feld der Forschung, im Praxissystem und der Qualifizierung nur wenige Ausrichtungen auf das Themengebiet Antiziganismus ausmachen. Laut *Markus End* wird die Antiziganismusforschung in Deutschland lediglich durch sechs Lehrstuhlinhaber repräsentiert, welche mehrheitlich dem literaturwissenschaftlichen Schwerpunkt zugeordnet werden können. Die (angewandten) Sozialwissenschaften sind im Kontext des Antiziganismus, trotz ihrer eindeutigen Zusammengehörigkeit und der Bemühungen einzelner Akteure, stark unterrepräsentiert (vgl. IntQ 22: *End* 2013d, S. 50 f.) und lediglich in Form vereinzelter (Forschungs-) Projekte[44] oder in der Qualifikationslandschaft in Form von Seminaren zur theoretischen Wissensvermittlung[45] innerhalb der Sozialwissenschaften anzufinden. Besonders augenscheinlich ist das Desiderat der Thematisierung des Antiziganismus jedoch in den Abteilungen für Soziale Arbeit an deutschen Hochschulen und somit in der Qualifizierung Sozialer Arbeit. Auf Anfrage bei der *GfA*[46] und *Gernot Haupt* konnte keine Abteilung Sozialer Arbeit an einer Fachhochschule in Deutschland bestätigt werden, welche sich curricular thematisch mit dem Thema Antiziganismus auseinandersetzt.

Begreift man die Ausbildungslandschaft Sozialer Arbeit als Lehrinstitution und Geburtsstätte angehender Sozialarbeiter sowie als „Darstellungsbühne disparater

[44]Eine besondere Anerkennung soll an dieser Stelle das jüngste Forschungsprojekt „Konstellationen des Antiziganismus“ der Hochschule Hannover (vgl. IntQ 9: *Forschungsprojekt HSH*: *Stender* 2016) unter der Leitung von *Prof. Dr. Wolfram Stender* finden. Dieses Forschungsprojekt soll stellvertretend und exemplarisch für die wenigen Forschungsprojekte aus den Abteilungen der Sozialen Arbeit dienen, kann jedoch an dieser Stelle nicht näher betrachtet werden, da es sich noch im Erscheinungsprozess befindet.

[45] Auf Anfrage bei der GfA konnte die Kulturhistorikerin *Magdalena Marsovszky* ermittelt werden, welche als Lehrbeauftragte an der Hochschule Fulda seit 2012 im Rahmen des „BA Sozialwissenschaften mit Schwerpunkt interkulturelle Beziehungen“ mit hoher Nachfrage ein Seminar zum Thema Antiziganismus anbietet (vgl. IntQ 23*: Hochschule Fulda*, IntQ 24: *Hochschule Fulda.*

[46] GfA= Gesellschaft für Antiziganismusforschung (vgl. IntQ 25:*GfA*).

politischer Interessen“ (*Küster/Schoneville* 2010, S. 1045), so markiert diese eine wichtige Gelenkstelle in der Überwindung von Überlieferung und Nicht-Sensibilisierung für Antiziganismen. Um in der Sozialen Arbeit jedoch eine nachhaltige Sensibilisierung für Antiziganismus und deren Folgen zu schaffen, müssen diese zunächst in der Lehre der Sozialen Arbeit transparent gemacht und übermittelt werden. Erst durch die Implementierung der Aufklärung über Antiziganismus und die damit verbundenen Folgen der sozialen Exklusion in die Ausbildung Sozialer Arbeit kann für angehende Sozialarbeiter eine Anregung geschaffen werden, sich dem Phänomen zu nähern und sich reflexiv mit diesem auseinanderzusetzen. Diese Annäherung kann den Grundstein für darauf folgendes professionelles Handeln, ungeachtet des Handlungsfeldes oder der Ausübung in Forschung, Theorie oder Praxis bilden. Soziale Arbeit muss sich in ihrer Lehre, welche die Basis ihrer reproduzierten Profession bildet, wie auch in Ihrer Selbstbeauftragung mittels der KSA (vgl. Kapitel 6.2.1) stets reflexiv neu konstituieren und gemäß dem Tripelmandat nach *Staub-Bernasconi* „die gesellschaftlichen Machtthemen auf professionelle Weise [...] dia-gnostizieren und [...] bearbeiten“ (*Lambers* 2015 mit Verweis auf *Staub-Bernasconi* 1995a, S. 200 [sic!]).

7 Fazit

In dieser Arbeit wurde aufgezeigt, dass Sinti und Roma gegenwärtig in Deutschland Antiziganismen ausgesetzt sind, welche sich durch diskriminierende Haltungen und Handlungen äußern. Die Folge dieser im Antiziganismus rassistisch verankerten Diskriminierungen spiegeln die verminderten Teilhabechancen der Minderheit sowie die sukzessive soziale Exklusion ebendieser wieder. Darüber hinaus wurde herausgearbeitet, dass im Rahmen der Funktionen des Antiziganismus auch die Unwissenheit über die betreffenden gesellschaftlichen Mechanismen in der Mehrheitsgesellschaft eine eklatante Rolle spielt. Darauf aufbauend wurde die Schlussfolgerung gezogen, dass der Sozialen Arbeit eine besondere Aufgabe zuteilwird, da diese sich nicht nur apriorisch und laut ihrer Berufsdefinition an der Stelle verpflichtet, Wohlergehen zu fördern, an der soziale Probleme dieses verhindern. Auch auf Grundlage ihrer Berufsethik (vgl. IntQ 17: *DBSH*), nach

welcher Soziale Arbeit sich für die Menschen-würde im Sinne der sozialen Gerechtigkeit einzusetzen hat, nimmt Soziale Arbeit eine klar zugewiesene Rolle im Kontext des Antiziganismus ein.
Soziale Arbeit muss sich folglich ihrer Verantwortung bewusst werden, reflexiv antiziganistische Tendenzen transparent zu machen, um so einen verantwortungsvollen, vorurteilsbewussten und nichtdiskriminierenden Umgang mit dieser Minorität zu gewährleisten. Besonders in diesem Punkt spiegelt sich meine eigene fachliche Haltung wieder, denn erst ein fundiertes und selbstreflexiv erzeugtes Wissen über den Gegenstand und eine darauf aufbauende Selbstwirksamkeitsüberzeugung garantieren Sozialer Arbeit – als Vorbild der Gesellschaft – einen Zugang u.a. zum Abbau des Antiziganismus. Als Aktionsfläche für diese Aufgabe gilt nicht nur der basale und notwendige Diskurs innerhalb der eigenen Profession. Vielmehr muss darüber hinaus ein interdisziplinärer Diskurs geschaffen werden, um die spezifischen gesellschaft-lichen Wirkmechanismen zu verdeutlichen. Eine besondere Stellung nimmt in diesem Zusammenhang aufgrund der institutionellen Diskriminierungen die Schnittstelle zur Sozialpolitik ein. Der dargestellte Auftrag der Sozialen Arbeit kann demnach als verankert in der Mikro-, Meso-, Makro- und besonders in der Metaebene angesehen werden. Die Leitfrage der gesellschaftlichen Diskriminierungen und die damit zusammenhängende Relevanz der Sozialen Arbeit in diesem Kontext konnte somit umfassend und mehrdimensional beantwortet werden.
Gerne hätte ich mich im Rahmen dieser Arbeit der Fragestellung gewidmet, inwieweit im Rahmen eines Theorie-Praxis-Transfers Strategien aus dem Antisemitismusabbau aufgrund ihrer vielfachen Überschneidungen eine Transferoption auf den Antiziganismusabbau anbieten, konnte diesen Exkurs allerdings aufgrund der quantitativen Beschränkung nicht berücksichtigen. In diesem Zusammenhang lässt sich auch der Status Quo der Sozialen Arbeit im Kontext des Antiziganismus wiedergeben, denn im Gegensatz zur Antisemitismusforschung steht die Anti-ziganismusforschung noch in ihren Anfängen. Ein besonders prägnanter Indikator für das Desiderat der Implementierung des Antiziganismus in die Soziale Arbeit ist die geringfügige Fachliteratur, in der Antiziganismus in der Sozialen Arbeit kritisch reflektiert wird. An dieser Stelle sei der Apell formuliert, dass die Profession Soziale Arbeit im Kontext des Antiziganismus sich nicht nur vereinzelt

ihrer Verantwortung bewusst werden muss, einen Diskurs anzuregen. Eine Grundlage sollten Anti-ziganismusforschungen und die Implementierung der Thematisierung ebendieser in die institutionelle Lehre der Sozialen Arbeit bilden. Bei gelungener und somit reflexiver Einbettung der Thematisierung des Antiziganismus in Soziale Arbeit kann ein kultursensibler – aber nicht ethnisierender – Zugang zur Arbeit mit dieser Minderheit gewährleistet werden. Dieser Zugang sollte die Grundlage zur weiterführenden Konzeption von Praxiskonzepten und der emanzipierten und nichtdiskriminierenden Beratung der Politik dienen. Es bleibt abzuwarten, wie sich dieses Feld und somit die Verantwortungsübernahme innerhalb der Sozialen Arbeit entwickelt. Die Ergebnisse dieser Arbeit sind dahingehend als anknüpfungsfähig zu bezeichnen und stellen eine Grundlage für weitergehende Analysen und etwaige praxisorientierte Konzeptentwicklungen dar.

Eine Fragestellung, die die vorliegende Arbeit aufwerfen könnte, betrifft die Aussicht auf den vollständigen Abbau von Antiziganismen. Besonders wenn die Ausführungen zu den vier Funktionen des Antiziganismus (vgl. Kapitel 4.3) betrachtet werden, ist es legitim anzunehmen, dass eine umfassende Offenlegung des bestehenden Antiziganismus sowie dessen Überwindung schwierig erscheint, zumal ebendieser wichtige Funktionen innerhalb der Identitätsbildung der Mehrheitsgesellschaft einnimmt. Daran anschließend ist die Frage zu stellen, welche Gruppe den identitätsstiftenden Platz der Sinti und Roma für die Mehrheitsgesellschaft einnehmen würde, sollte ein Abbau des Antiziganismus gelingen.

An dieser Stelle ist es essentiell zu erwähnen, dass die Profession Soziale Arbeit stets gefragt ist, wenn sich in der Gesellschaft Disparitäten zu Ungunsten einzelner gesellschaftlicher Gruppen im Rahmen sozialer Gerechtigkeit ergeben und auch wenn die Herstellung sozialer Gerechtigkeit einer niemals endenden Aufgabe gleichen möge, verpflichtet sich die Soziale Arbeit qua Berufsdefinition ebendieser.

Die besondere Herausforderung im Rahmen des Antiziganismus liegt für Soziale Arbeit allerdings darin, sich des Phänomens zu Beginn selbst bewusst zu werden und einen reflexiven Zugang zu gewährleisten. Erst auf Grundlage dieser Basis kann die Thematik Antiziganismus aus den Reihen der Sozialen Arbeit gemäß ihrer Berufsverantwortung bearbeitet werden, indem Antiziganismen aufgedeckt und überwunden werden. In diesem Zusammenhang ist es von besonderer Bedeutung auch die Funktionen des Antiziganismus zu reflektieren. Ausgehend von dieser Handlungs-basis sollten in der Zukunft Strategien entwickelt werden, um der Diskriminierung auf Grundlage von vorurteilsbewusster Haltung entgegenzuwirken. Die Ursachen des Antiziganismus zu bekämpfen gleicht in diesem Zusammenhang allerdings einer Utopie, denn dazu bedarf es in einer idealen Welt einer Reformierung der Gesellschafts- und Wirtschaftsordnungen (vgl. IntQ 19: *Amari Jag: Arbeitsdefinition: Antiziganismus*).

Eine weitere Herausforderung für die Soziale Arbeit im Kontext des Antiziganismus ist es soziale Probleme nicht nur in den Kontext ethnischer Minderheiten zu setzen, denn so besteht die Gefahr der Ethnisierung von Problemlagen. Auch Bürger ohne Migrationshintergrund und Zugehörigkeit zu einer ethnischen Minderheit erleiden Chancenungleichheiten im deutschen Schulsystem und sind von Armut betroffen oder bedroht. Diese gesellschaftlichen Schieflagen agieren allerdings als Verstärker für die soziale Stellung der Sinti und Roma in Deutschland und verursachen eine soziale Benachteiligung dieser Minderheitengruppe. In diesem Kontext ist es von besonderer Bedeutung, sich der Gratwanderung zwischen Kultursensibilität und Diskriminierung bewusst zu werden.

Der Antiziganismusabbau formuliert also einen spezifischen Auftrag an die Soziale Arbeit, jedoch ist der Abbau antiziganistischer Tendenzen eine gesamtgesellschaftliche Aufgabe, in dessen Kontext sich jeder Bürger auf den Prüfstand stellen sollte, um nicht Opfer seiner eigenen blinden Flecke zu werden.

Literaturverzeichnis

Anhorn, R./Bettinger, F./Horlacher, C./Rathgeb, K. (2012): Zur Einführung: Kristallisationspunkte kritischer Sozialer Arbeit. In: *Anhorn, R./Bettinger, F./Horlacher, C./Rathgeb, K.(Hrsg.)*: Kritik der Sozialen Arbeit – kritische Soziale Arbeit. Wiesbaden: Springer Verlag, S. 1–23.

Alte Feuerwache e.V. Jugendbildungsstätte Kaubstraße (Hrsg.)(2012): Methodenhandbuch zum Thema Antiziganismus – für die schulische und außerschulische Bildungsarbeit. Münster: Unrast Verlag.

Arnold, Hermann (1965): Die Zigeuner. Herkunft und Leben der Stämme im deutschen Sprachgebiet. Olten: Walter Verlag.

Aschauer, Wolfgang (2015): Merkmale und Funktionen des Antiziganismus am Beispiel Ungarns. In: *Dokumentations- und Kulturzentrum Deutscher Sinti und Roma (Hrsg.)*: Tagungsband Antiziganismus. Antiziganismus – Soziale und historische Dimensionen von „Zigeuner-Stereotypen". Heidelberg: Dokumentations- und Kulturzentrum Deutscher Sinti und Roma, S. 110–129.

Atasever, Kerem (2012): Präambel des Projektleiters. In: *Alte Feuerwache e.V. Jugendbildungsstätte Kaubstraße (Hrsg.)*: Methodenhandbuch zum Thema Antiziganismus – für die schulische und außerschulische Bildungsarbeit. Münster: Unrast Verlag.

Beck, Ulrich (1986): Risikogesellschaft – Auf dem Weg in eine andere Moderne. Frankfurt am Main: Suhrkamp Verlag.

Benz, Wolfgang (1996a): Feindbild und Vorurteil: Beiträge über Ausgrenzung und Verfolgung. München: Deutscher Taschenbuch Verlag GmbH & Co. KG.

Benz, Wolfgang (2014b): Sinti und Roma: die unerwünschte Minderheit – Über das Vorurteil Antiziganismus. Berlin: Metropol Verlag.

Bettinger, Frank (2012): Bedingungen kritischer Sozialer Arbeit. In: *Anhorn, R./Bettinger, F./Horlacher, C./Rathgeb, K.(Hrsg.)*: Kritik der Sozialen Arbeit – kritische Soziale Arbeit. Wiesbaden: Springer Verlag, S. 163–189.

Bogdal, Klaus-Michael (2011a): Europa erfindet die Zigeuner – Eine Geschichte von Faszination und Verachtung. Berlin: Suhrkamp Verlag.

Bogdal, Klaus-Michael (2015b): Unerwünschte Nachbarn – „Zigeuner" und die Angst vor den Völkern Osteuropas. In: *Von Mengersen, Oliver (Koord.)*: Sinti und Roma – Eine deutsche Minderheit zwischen Diskriminierung und Emanzipation. Bonn/München: Bundeszentrale für politische Bildung/Bayerische Landeszentrale für politische Bildungsarbeit, S. 87–99.

Bonillo, Marion (2015): Sinti und Roma im Deutschen Kaiserreich 1871 bis 1918 – Eine Minderheit im Fokus der verschärften „Zigeunerpolitik". In: *Von Mengersen, Oliver*

(Koord.): Sinti und Roma – Eine deutsche Minderheit zwischen Diskriminierung und Emanzipation. Bonn/München: Bundeszentrale für politische Bildung/Bayerische Landeszentrale für politische Bildungsarbeit, S. 49–70.

Bourdieu, Pierre (1987): Der Habitus und der Raum der Lebensstile. In: *Bourdieu, Pierre* (1987): Die feinen Unterschiede. Kritik der gesellschaftlichen Urteilskraft, S. 277 - 286. Frankfurt am Main: Suhrkamp Verlag.

Degener, Theresia et al. (2008): Antidiskriminierungsrecht – Handbuch für Lehre und Beratungspraxis mit Lösungsbeispielen für typische Fallgestaltungen. Frankfurt am Main: Fachhochschulverlag.

Delfeld, Jacques (2015): Die Bürgerrechtsbewegung der Sinti und Roma in Deutschland. In: *Von Mengersen, Oliver (Koord.)*: Sinti und Roma – Eine deutsche Minderheit zwischen Diskriminierung und Emanzipation. Bonn/München: Bundeszentrale für Politische Bildung/Bayerische Landeszentrale für politische Bildungsarbeit, S. 233–244.

End, Markus (2012a): Die Wirkungsweise der antiziganistischen Vorurteilsstruktur. In: *Alte Feuerwache e.V. Jugendbildungsstätte Kaubstraße (Hrsg.)*: Methodenhandbuch zum Thema Antiziganismus – für die schulische und außerschulische Bildungsarbeit. Münster: Unrast Verlag, S. 28–34.

End, Markus (2014b): Entstehung, Funktion und Wirkung von Vorurteilen im Zusammenhang mit Sinti, Roma und anderen als „Zigeuner" Stigmatisierten. In: *Detzner, Milena Drücker, Ansgar/Manthe, Barbara (Hrsg.)*: Antiziganismus – Rassistische Stereotype und Diskriminierung von Sinti und Roma. Düsseldorf: Düssel-Druck & Verlag GmbH, S. 7–11.

End, Markus (2015c): Stereotype Darstellungen von Sinti und Roma in deutschen Medien – Das ZDF Morgenmagazin im antiziganstischen Diskurs. In: *Von Mengersen, Oliver (Koord.)*: Sinti und Roma – Eine deutsche Minderheit zwischen Diskriminierung und Emanzipation. Bonn/München: Bundeszentrale für politische Bildung/Bayerische Landeszentrale für politische Bildungsarbeit, S. 201–232.

Engelke, Ernst (1999): Soziale Arbeit als Wissenschaft. Eine Einführung. Freiburg im Breisgau: Lambertus-Verlag.

Fings, Karola (2015 a): Der Völkermord an den Sinti und Roma im Nationalsozialismus – Lokale Vorstöße, zentrale Initiativen und europäische Dimension. In: *Von Mengersen Oliver (Koord.)*: Sinti und Roma – Eine deutsche Minderheit zwischen Diskriminierung und Emanzipation. Bonn/München: Bundeszentrale für politische Bildung/Bayerische Landeszentrale für politische Bildungsarbeit, S. 101–123.

Fings, Karola (2015 b): Schuldabwehr durch Schuldumkehr – Die Stigmatisierung der Sinti und Roma nach 1945. In: *Von Mengersen, Oliver (Koord.)*: Sinti und Roma – Eine deutsche Minderheit zwischen Diskriminierung und Emanzipation. Bonn/München: Bundeszentrale für politische Bildung/Bayerische Landeszentrale für politische Bildungsarbeit, S. 145–164.

Freud, Sigmund (1915/1989): Psychologie des Unbewußten. Studienausgabe. Übers. und hrsg.
Von *Mitscherlich, Alexander/Strachey, James/Richards, Angela (Hrsg.)* Frankfurt am Main: Fischer, 6. Auflage.

Fromm, Erich (1961): Das Menschenbild bei Marx. München: Gesamtausgabe Band V. In: *Fromm, Erich und Funk, Rainer (Hrsg.)* (1999): Erich Fromm: Gesamtausgabe in 12 Bänden. München: DVA Deutsche Verlags-Anstalt.

Graevskaia, Alexandra (2014): Diskurse über Sinti und Roma in den Medien. In: *Detzner, Milena/Drücker, Ansgar/Manthe, Barbara (Hrsg.)*: Antiziganismus – Rassistische Stereotype und Diskriminierung von Sinti und Roma. Grundlagen für eine Bildungsarbeit gegen Antiziganismus. Düsseldorf: Düssel-Druck & Verlag GmbH, S.
18–20.

Haupt, Gernot (2009): Antiziganismus und Sozialarbeit. Berlin: Frank & Timme Verlag.

Hinte, Wolfgang (2010): Von der Gemeinwesenarbeit über die Sozialraumorientierung zur Initiierung von bürgerlichem Engagement. In: *Thole, Werner (Hrsg.)*: Grundriss Soziale Arbeit – Ein einführendes Handbuch. Wiesbaden: VS Verlag für Sozialwissenschaften, S.663–676.

Holz, Klaus (2001): Nationaler Antisemitismus. Wissenssoziologie einer Weltanschauung. Hamburg: Hamburger Edition.

Horkheimer, Max/Adorno, Theodor W. (1989): Dialektik der Aufklärung. Philosophische Fragmente. Frankfurt am Main: Fischer Verlag.

Jaschke, Hans-Gerd (2008a): Einleitung. In: *Bundeskriminalamt (Hrsg.)*: Das Bundeskriminalamt stellt sich seiner Geschichte – Dokumentation einer Kolloquienreihe. Köln: Luchterhand Verlag, S. 1–3.

Jaschke, Hans-Gerd (2008b): Geschichte der deutschen Polizei vor und nach 1945: Kontinuitäten und Brüche. In: *Bundeskriminalamt (Hrsg.)* (2008): Das Bundeskriminalamt stellt sich seiner Geschichte – Dokumentation einer Kolloquienreihe. Köln: Luchterhand Verlag, S. 37–63.

Jonuz, Elizabeta (2009): Stigma Ethnizität – Wie zugewanderte Romafamilien der Ethnisierungs falle begegnen. Opladen und Farmington Hills MI: Budrich UniPress.

Küster, Ernst-Uwe/Schoneville, Holger (2010): Qualifizierung für die Soziale Arbeit – Auf der Suche nach Normalisierung, Anerkennung und dem Eigentlichen. In: *Thole, Werner (Hrsg.)*: Grundriss Soziale Arbeit – Ein einführendes Handbuch. Wiesbaden: VS Verlag für Sozialwissenschaften, S.1045–1066.

Lagrene, Reinhold (2015): Balance der Identität. In: *Von Mengersen, Oliver (Koord.)*: Sinti und Roma – Eine deutsche Minderheit zwischen Diskriminierung und Emanzipation. Bonn/München: Bundeszentrale für politische Bildung/Bayerische Landeszentrale für
politische Bildungsarbeit, S. 245–259.

Lambers, Helmut (2015): Theorien der Sozialen Arbeit – Ein Kompendium und Vergleich. Opladen und Toronto: Verlag Barbara Budrich.

Lohse, André (2016): Antiziganismus und Gesellschaft. Soziale Arbeit mit Roma und Sinti aus kritisch-theoretischer Perspektive. Wiesbaden: Springer Fachmedien Verlag.

Luhmann, Niklas (1987): Soziale Systeme – Grundriß einer allgemeinen Theorie. Frankfurt am Main: Suhrkamp Verlag.

Mappes-Niediek, Norbert (2014): Arme Roma, böse Zigeuner – Sonderausgabe für die Landeszentralen für politische Bildung. Berlin: Ch. Links Verlag GmbH.

Melter, Claus (Hrsg.) (2015): Diskriminierungs- und rassismuskritische Soziale Arbeit und Bildung – Praktische Herausforderungen, Rahmen und Reflexionen. Weinheim und Basel: Beltz Juventa.

Messerschmidt, Astrid (2014): Kritik und Engagement in den Uneindeutigkeiten von Befreiung, Unterdrückung und Vereinnahmung. In: *Broden, Anne/Mecheril, Paul (Hrsg.)*: Solidarität in der Migrationsgesellschaft – Befragung einer normativen Grundlage. Bielefeld: transcipt Verlag, S. 37–52.

Nodes, Wilfried (2015/2016): Soziale Arbeit in der Krise – Krise der Sozialen Arbeit? Ein Rundblick in die Literatur- und Tagungslandschaft. In: Forum Sozial. Nr. 4/2015 vom 15.03.2016, S. 50f..

Opfermann, Ulrich Friedrich (2012a): Genozid und Justiz. Schlussstrich als „staatspolitische Zielsetzung". In: *Fings, Karola/Opfermann, Ulrich Friedrich (Hrsg.)*: Zigeunerverfolgung im Rheinland und in Westfalen 1933–1945. Geschichte, Aufarbeitung und Erinnerung. Paderborn: Ferdinand Schöningh Verlag, S. 315–326.

Opfermann, Ulrich Friedrich (2015b): Weimar: " Die Rassenkunde gibt Aufschluß". In: *Von Mengersen, Oliver (Koord.)*: Sinti und Roma – Eine deutsche Minderheit zwischen Diskriminierung und Emanzipation. Bonn/München: Bundeszentrale für politische Bildung/Bayerische Landeszentrale für politische Bildungsarbeit, S. 71–85.

Peritore, Silvio (2015): Politische Emanzipation, Erinnerungsarbeit und Gedenkstätten. In: *Von Mengersen, Oliver (Koord.)*: Sinti und Roma – Eine deutsche Minderheit zwischen Diskriminierung und Emanzipation. Bonn/München: Bundeszentrale für politische Bildung/Bayerische Landeszentrale für politische Bildungsarbeit, S. 185–200.

Preller, Julia (2008): Sinti und Roma – Zwischen Ausgrenzung und Integration. Sozialpädagogische Fundierung und Einordnung eines Praxiskonzeptes an einer Straubinger Schule. Saarbrücken: VDM Verlag Dr. Müller.

Staub-Bernasconi, Silvia (1995a): Systemtheorie, Soziale Probleme und Soziale Arbeit: lokal, national, international oder: Vom Ende der Bescheidenheit. Bern, Stuttgart, Wien: Verlag Paul Haupt.

Staub-Bernasconi, Silvia (2007b): Soziale Arbeit als Handlungswissenschaft. Bern: Haupt Verlag.

Staub-Bernasconi, Silvia (2010c): Soziale Arbeit und Soziale Probleme – Eine disziplin- und professionsbezogene Bestimmung. In: *Thole, Werner (Hrsg.)*: Grundriss Soziale Arbeit – Ein einführendes Handbuch. Wiesbaden: VS Verlag für Sozialwissenschaften, S.267–282.

Strauß, Daniel (Hrsg.) (2011): Studie zur aktuellen Bildungssituation deutscher Sinti und Roma. Dokumentation und Forschungsbericht. Marburg: I-Verb.de.

Thole, Werner (2010): Die Soziale Arbeit – Praxis, Theorie, Forschung und Ausbildung. Versuch einer Standortbestimmung. In: *Thole, Werner (Hrsg.)*: Grundriss Soziale Arbeit – Ein einführendes Handbuch. Wiesbaden: VS Verlag für Sozialwissenschaften, S. 19–72.

Turner, Rhiannon N./Hewstone, Miles (2012): Die Sozialpsychologie des Vorurteils. In: *Pelinka, Anton (Hrsg.)*: Vorurteile – Ursprünge, Formen, Bedeutung. Berlin/Boston: Walter de Gruyter GmbH, S. 317–363.

Von Mengersen, Oliver (Koord.) (2015): Sinti und Roma – Eine deutsche Minderheit zwischen Diskriminierung und Emanzipation. Bonn/München: Bundeszentrale für politische Bildung/Bayerische Landeszentrale für politische Bildungsarbeit.

Wagner, Wolf (1991): Angst vor der Armut – Eine Einführung in Sozialpolitik. Berlin: Rotbuchverlag.

Weisz, Zoni (2015): Rede zum „Gedenktag für die Opfer des Nationalsozialismus". In: *Von Mengersen, Oliver (Koord.)*: Sinti und Roma – Eine deutsche Minderheit zwischen Diskriminierung und Emanzipation. Bonn/München: Bundeszentrale für politische Bildung/Bayerische Landeszentrale für politische Bildungsarbeit, S. 15–23.

Widmann, Peter (2015): Der lange Abschied vom Feindbild „Zigeuner" – Kommunale Minderheitenpolitik und gesellschaftlicher Wandel in der Bundesrepublik. In: *Von Mengersen, Oliver (Koord.)*: Sinti und Roma – Eine deutsche Minderheit zwischen Diskriminierung und Emanzipation. Bonn/München: Bundeszentrale für politische Bildung/Bayerische Landeszentrale für politische Bildungsarbeit, S. 165–184.

Internetquellenverzeichnis

IntQ 1: *Dokumentations- und Kulturzentrum deutscher Sinti und Roma:* Sinti und Roma. Online: http://www.sintiundroma.de/sinti-roma.html (Zugriff: 30.01.2016).

IntQ 2: *International Roma Union*: History. Online: http://internationalromaniunion.org/history/ (Zugriff: 22.02.2016).

IntQ 3: *Bundeszentrale für politische Bildung: Engbring-Romang* (2014): Sinti und Roma in

Europa – Ein unbekanntes Volk? Daten, Fakten und Zahlen. Online: http://www.bpb.de/internationales/europa/sinti-und-roma-in-europa/179536/ein-unbekanntes-volk-daten-fakten-und-zahlen?p=all (Zugriff: 22.02.2016).

IntQ 4: *Dokumentations- und Kulturzentrum Deutscher Sinti und Roma:* Der national-sozialistische Völkermord an den Sinti und Roma. Online: http://www.sintiundroma.de/sinti-roma/ns-voelkermord.html (Zugriff: 25.02.2016).

IntQ 5: *Bundesministerium des Innern* (2014): Nationales und internationales Minderheitenrecht. Online: http://www.bmi.bund.de/DE/Themen/Gesellschaft-Verfassung/Nationale-Minderheiten/Nationales-internationales-Minderheitenrecht/nationales-internationales-minderheitenrecht_node.html (Zugriff: 25.02.2016).

IntQ 6: *Bundesministerium des Innern* (2011): Bericht der Bundesrepublik Deutschland „EU-Rahmen für nationale Strategien zur Integration der Roma bis 2020“. Online und Download unter: http://www.bmi.bund.de/SharedDocs/Downloads/DE/Broschueren/2011/sinti_roma.html (Zugriff: 25.02.2016).

IntQ 7: *Berlin-Institut für Bevölkerung und Entwicklung: Grienig* (2010): Roma in Deutschland. Online: http://www.berlin-institut.org/online-handbuchdemografie/bevoelkerungsdynamik/regionale-dynamik/roma-in-deutschland.html (Zugriff: 25.02.2016).

IntQ 8: *Antidiskriminierungsstelle des Bundes* (2014): Gleiche Chancen. Immer. Fragen und Antworten zu Sinti und Roma. Online: http://www.antidiskriminierungsstelle.de/DE/ThemenUndForschung/Ethnische_Herkunft/Themenjahr_2014/fragen_antworten_ Sinti_Roma/faq_Sinti_und_Roma_node.html (Zugriff: 25.02.2016).

IntQ 9: *Forschungsprojekt HSH: Stender* (2016): Konstellationen des Antiziganismus. Aktuelle Erscheinungsformen der Diskriminierung von Sinti und Roma und Grundlinien einer Sozialpädagogischen Antidiskriminierungsarbeit. Online: http://www.hs-hannover.de/forschung/forschungsprojekte/index.html?tx_fhhforschungsprojekte_pi[forschungsprojekt]=558&tx_fhhforschungsprojekte_pi[action]=show&tx_fhhforschungsprojekte_pi[controller]=ProjektPlugin&cHash=791cfd8dd3b3e7a2ca8d7f3dd22a811f (Zugriff: 25.02.2016).

IntQ 10: *Antidiskriminierungsstelle des Bundes* (2013): Diskriminierung im vorschulischen und schulischen Bereich. Online: http://www.antidiskriminierungsstelle.de/SharedDocs/Downloads/DE/publikationen/Expertisen/Expertise_Diskriminierung_im_vorschulischen_und_schulischen_Bereich.pdf?__blob=publicationFile (Zugriff: 29.02.2016).

IntQ 11: *Antidiskriminierungsstelle des Bundes* (2014): Zwischen Gleichgültigkeit und Ablehnung – Bevölkerungseinstellungen gegenüber Sinti und Roma. Online: http://www.antidiskriminierungsstelle.de/SharedDocs/Downloads/DE/publikationen/Expertisen/Expertise_Bevoelkerungseinstellungen_gegenueber_Sinti_und_Roma_20140829.html?nn=6575434 (Zugriff: 01.03.2016).

IntQ 12: *Mediendienst Integration: Attamann/Ghelli* (2014): Studie – Viele Deutsche lehnen Sinti und Roma ab. Online: http://mediendienst-integration.de/artikel/Antidiskriminierungstelle-sinti-roma-bevoelkerungseinstellungen.html (Zugriff: 01.03.2016).

IntQ 13: *Antidiskriminierungsstelle des Bundes: Lüders* (2014): Studie: Unwissenheit und teils offene Ablehnung prägen das Bild von Sinti und Roma – Dringender Handlungsbedarf für Politik und Gesellschaft. Online: http://www.antidiskriminierungsstelle.de/SharedDocs/Aktuelles/DE/_Archiv/2014/Studie_Sinti_Roma_20140903.html (Zugriff: 01.03.2016).

IntQ 14: *Bundeskriminalamt* (2011): Aufarbeitung der Geschichte des BKA. Online: http://www.bka.de/nn_193902/DE/Publikationen/BKA-Historie/bkaHistorie__node.html?__nnn=true (Zugriff: 02.03.2016).

IntQ 15: *Faz.net* (2013): Roma-Clans: Elend als Geschäftsmodell. Online: http://www.faz.net/aktuell/politik/ausland/europa/roma-clans-elend-als-geschaeftsmodell-12092059.html (Zugriff: 07.03.2016).

IntQ 16: *Europarat* (1995): Sammlung europäischer Verträge – Nr. 157: Rahmenübereinkommen zum Schutz nationaler Minderheiten. Online: http://www.coe.int/de/web/conventions/full-list/-/conventions/rms/090000168007cdc3 (Zugriff: 10.03.2016).

IntQ 17: *Deutscher Berufsverband für Soziale Arbeit e.V.*: Berufsethik des DBSH. Online: http://www.dbsh.de/beruf/berufsethik.html (Zugriff: 15.03.2016).

IntQ 18: *Bundeszentrale für politische Bildung: Benz, Wolfgang* (2014): Antisemitismus und Antiziganismus – Vorurteile gegen Minderheiten. Online: http://www.bpb.de/geschichte/zeitgeschichte/deutschlandarchiv/191739/ antisemitismus-und-antiziganismus-vorurteile-gegen-minderheiten (Zugriff: 21.03.2016).

IntQ 19: *Amari Jag*: Arbeitsdefinition: Antiziganismus. Online: http://amarijag.de/?page_id=90 (Zugriff: 21.03.2016).

IntQ 20: *Alte Feuerwache*. Online: http://www.alte-feuerwache.de/index-kaub.htm (Zugriff: 24.03.2016).

IntQ 21: *Amaro Drom e.V.*. Online: http://www.amarodrom.de/ueber-uns (Zugriff: 24.03.2016).

IntQ 22: *Markus End* (2013d): Gutachten Antiziganismus – Zum Stand der Forschung und der

Gegenstrategien. Online und Download unter: http://sinti-roma.com/gutachten-antiziganismus/ (Zugriff: 29.03.2016).

IntQ 23: *Hochschule Fulda*: Lehrbeauftragte im Fachbereich Sozial- und Kulturwissenschaften. Online: https://www2005.hs-fulda.de/index.php?id=4522 (Zugriff: 30.03.2016).

IntQ 24: *Hochschule Fulda*: Informationen zum Studiengang BASIB. Online: https://www2005.hs-fulda.de/index.php?id=444 (Zugriff: 30.03.2016).

IntQ 25: *Gesellschaft für Antiziganismusforschung*: Wir über uns. Online: http://www.antiziganismus.de/2.html (Zugriff: 30.03.2016).

IntQ 26: *Institut für Sozialarbeit*. Online: http://www.ifsoz.org/ (Zugriff: 30.03.2016).

IntQ 27: *Hamburger Abendblatt*: Anschlag auf Sinti- und Roma-Haus in Leverkusen. Online:

http://www.abendblatt.de/politik/deutschland/article108060154/Anschlag-auf-Sinti-und-Roma-Haus-in-Leverkusen.html (Zugriff: 30.03.2016).

IntQ 28: *Zeit Online*: Rassisten sprühen „Vergasen" an Denkmal für Sinti und Roma. Online: http://www.zeit.de/gesellschaft/zeitgeschehen/2015-10/berlin-denkmal-geschaendet-sinti-und-roma (Zugriff: 30.03.2016).